JN222360

千年紀の予言書が語る「赤い雪」、「泥の雨」とは何か?!

聖徳太子の『未然本記』に刮目《かつもく》せよ！

[著]

月海黄樹

はじめに

六世紀半ばまでの日本は、国家としての形がまだ整わない状態にあった。それまでの日本には、北九州の王朝、出雲《いずも》地方の王朝、吉備《きび》地方の王朝、津軽王朝など、その存在を確信できる王朝だけでも四つの王朝が、大和王朝と並んで存在していたという。

こうして数多くの王朝が乱立していた日本が、一つのまとまった国家として統一されたのは、聖徳太子の時代からである。聖徳太子以降、各地に散らばる王朝は姿を消し、日本は独自の国としての意識を形成するようになった。

このことからわかるように、聖徳太子は実質的な日本の建国者といえるだろう。

聖徳太子は五七四年、用明《ようめい》天皇の子として、奈良・明日香《あすか》の橘《たちばな》宮で誕生した。母親の穴穂部《あなほべの》間人《はしひと》は、そのころ繁栄をきわめていた豪族、蘇我馬子《そがのうまこ》の妹・小姉君《こあねぎみ》と欽明《きんめい》天皇の間の皇女であった。

聖徳太子という名は、その死後、尊称として贈られた名前であり、幼名は厩戸豊聡耳《うまやどのとよとみみ》皇子といった。のちに上宮《うえのみや》に住んでいたことから上宮聖王、聖徳王などとも呼ばれていたという。

太子は、母后がたまたま厩の前を通りかかったときに生まれたといわれ、幼少の頃から聡明で、仏典を高句麗《こうくり》の慧慈《えじ》に学び、儒学を博士覚哿《かくか》に学んだといわれている。

当時の日本国内は宗教論争が巻き起こっている最中だった。蘇我氏は新興勢力の豪族で、仏教を積極的に日本に採り入れるべきだと主張し、それに対して神道《しんとう》を守る古参の豪族・物部《もののべ》氏は、異国の神を祀れば祟《たた》りがあると反対していた。

この抗争は、しだいに深刻なものとなり、太子の父・用明天皇が死去すると、蘇我・物部の二大勢力は武力によって勝敗を決することになったのである。

このとき、自らも熱心な仏教徒であった（とされる）聖徳太子は、四天王に願をかけ、蘇我一族を勝利に導いた。それを祝して建立《こんりゅう》されたのが、現在大阪にある四天王寺である。

用明天皇ののち、蘇我馬子に押されて天皇に即位したのが、太子の叔父に当たる崇峻《すしゅん》天皇だった。しかし、対立相手がいなくなり、横暴になった馬子を快く思わない崇峻天皇は、馬子に暗殺されてしまう。

こうした親族同士の殺戮《さつりく》という、複雑な政治情勢のなかで太子は成長した。

崇峻天皇ののち、太子の叔母に当たる推古《すいこ》天皇が女帝として国を治め、太子は、この推古天皇の摂政《せっしょう》となり、日本の政治を実質的に統治することになる。

太子は、統一国家としての日本をつくりあげるために仏教を採用したのだが、これは、進んだ大陸文化との交流に不可欠なことだった。政治の面では、「官位十二階」や、日本で最初の憲法である「憲法十七条」を制定し、外交面では隋・唐と日本との対等外交を実現した。

政治家としての数々の偉業を日本の歴史に残した太子であるが、そのいっぽうで、太子は日本人の信仰の対象となるほどの、神秘的な人物としての一面をもっている。

太子の神秘性に関する逸話には、つぎのようなものがある。
●金色の救世観音《ぐぜかんのん》が体内に入った夢を見て、母后が懐妊した。
●妊娠十二ヵ月にして、母后は太子を産むが、そのとき、金と赤の光が西方より差し込み、太子は香気に包まれていた。
●二歳にして太子は合掌し、「南無仏」と唱えた。
●七歳で経論を被見して、六日の殺生禁断を献上した。
●十歳で蝦夷《えみし》の侵略に教えを諭し、その鎮撫に成功した。
●二十六歳のとき百済《くだら》の使者と対面し、太子は眉間より白光を放った。
●二十七歳のとき黒駒に乗り、富士に登って三日で帰った。
●三十七歳で前世における修行のときに所持していた経典を持ち帰った。
こうした太子の聖人としての評価は、日本のみならず、朝鮮、中国、インドにまで知れ渡っていたのだが、海外に名を残す聖人は、日本史上、聖徳太子だけといっても過言ではない。

ところが、これほど有名な聖徳太子ではあるが、その一生は謎に包まれているのである。

なぜ太子は、天皇にならず摂政のままで終わったのか。

なぜ摂政になって七年目に、朝廷から離れた斑鳩《いかるが》に移り住んだのか。

不可解な死は何を意味するのか。

そして、聖徳太子の予言書「未然本記《みぜんほんぎ》」の謎――。

本書は、これらの謎を含めて、聖徳太子という人物を白紙の状態から追いかけ、その実像を探っていくものである。

平成六年五月

月海千峰（月海黄樹）

聖徳太子の『未然本記』に刮目《かつもく》せよ！【目次】

第一章　聖徳太子と丹後の伝承の謎

I・【聖徳太子とその母・間人皇后の謎】

第二章　聖徳太子は「ユダヤ丹後王朝」の皇子だった

Ⅱ・【聖徳太子の側近・秦氏の謎】

第三章　聖徳太子はメシアだった

I・【法隆寺の謎と弥勒信仰の正体】

第四章　ユダヤの三種の神器と四天王寺の謎

Ⅱ・【『先代旧事本紀』が秘匿された四天王寺の謎】

第五章　「日出づる処の天子」と「未然本記」の謎

I・【太子の残した業績の真の意味】

Ⅱ・【初めて明かされた予言書「未然本記」】

カバーデザイン　森　瑞（4Tune Box）
校正　井上朱里
本文仮名書体　文麗仮名（キャップス）

第一章

聖徳太子と丹後の伝承の謎

Ⅰ・聖徳太子とその母・間人皇后の謎

◎聖徳太子の真実の姿は新札発行とともに葬られたのか？

聖徳太子と聞いてパッとイメージするのは、あの旧一万円札に描かれた姿だろう。下ぶくれで細く切れ長の目。おちょぼ口に貧相な口髭《ひげ》と顎《あご》髭。絵巻物に登場する平安貴族の肖像に通じた、よくいえば上品な顔だちである。

長い間、私たち日本人の脳裏には、この聖徳太子の姿がそのまま聖徳太子の人柄として焼きつき、何か無機質で個性の乏しい人物像として、いつの間にかイメージが固定されてきた。

ところが近年、中国からこのお札にそっくりの姿をした聖徳太子の肖像が出土したのである。これをきっかけに、旧一万円札の聖徳太子像の真偽が問われる騒動が起こり、これに慌てたのか、日本政府は新たに紙幣をデザインして新札を発行した。だが、案の定というか残念なことに、新紙幣に聖徳太子の姿は刷り込まれていなかったのである。

こうして、現行の紙幣のおかげで、最近ではあまり聖徳太子の姿は見かけなくなり、葬り去ら

旧１万円札の聖徳太子像

れてしまったような感がある。

私たちがいままで聖徳太子だと思っていた姿は、はたして贋物《にせ》だったのだろうか？　じつは、私たちの知らないところに、旧一万円札とはまったく別の姿をした聖徳太子像が、はっきりと記された書物が存在する。

その名は『先代旧事本記《せんだいくじほんぎ》』という。

ちょっとした考古学、古代史ファンなら『旧事本記』という書物の名を聞いたことがあるかもしれない。ただしここでいう『先代旧事本記』とは、いままでほとんど世に出ていなかった別のものである。

◎藤原南朝の末裔が秘蔵していた『先代旧事本記』

『旧事本記』は、現在十巻物と三十巻物などが世に出ているが『先代旧事本記』は、この『旧事本記』の元になった書といわれ、七十四巻にも及ぶ詳細な日本の歴史書である。

さらに、『先代旧事本記』の六十九巻目は「未然本記《みぜんほんぎ》」という題目がついた、太子のいわゆる予言書となっている。巷《ちまた》を何度かにぎわしたことのある〝聖徳太子の予言〟については、本邦初公開として一部抜粋したものを後述する。

なお、『先代旧事本記』の編纂《へんさん》は、推古《すいこ》天皇の時代になされている。『古事記』が元明《げんめい》天皇時代、『日本書紀』が元正《げんせい》天皇時代に編纂されていることをふまえると、『先代旧事本記』には、いままで私たちが知らなかった、意外な事実が記されているような気がしてならない。いつの時代でも、歴史の改竄《かいざん》は権力者側によってなされるとはいえ、より古いもののなかにこそ、偽り切れない本音（真実）が語られていると思うのだ。

新しい記憶は消えにくいが古い記憶は消えやすく、また偽りやすい。それゆえに、明治以降から正史としての地位を剝奪《はくだつ》された『旧事本記』を、現代でも貴重な資料として取り扱っている歴史学者も実際に数多くいる。

では、ほんとうの聖徳太子の姿を追うべく、本書で取りあげる『先代旧事本記』の出典を明らかにしよう。

筆者が出合った『先代旧事本記』とは、藤原南朝の末裔《まつえい》、宮東老師秘蔵のものだった。老師のお話しでは、以前『旧事本記』が世に出たとき、秘蔵していた『先代旧事本記』を何かのお役に立つかもしれないという思いで、老師自身が宮内省（現・宮内庁）に献上した。するど、献上した翌日、「これは偽書である」との烙印《らくいん》を押され、さらに発禁書のトップにあげられてしまったという。

そもそも七十四巻にも及ぶ歴史書を、丸一日で偽書かどうか判断することなど、とうてい不可能なはずなのだが、当時の政治的背景を考えると、ちょうど帝国主義が幅をきかせている頃でもあり、〝焚書《ふんしょ》〟のようなことも頻繁に行なわれていたのであろう。

宮内省は『先代旧事本記』の内容が、日本の歴史書としてふさわしくないと判断したのだろうか？　あるいは、日本の正史である『古事記』『日本書紀』にそぐわない内容を見つけ出したのだろうか？

いずれにしても『先代旧事本記』には、妙な曰《いわ》くがあったのだが、その謎の究明よりも本題の聖徳太子の記述に関して、まずは解き明かしていこう。

◎聖徳太子は長身でその瞳は紫だった？

はじめに『先代旧事本記』のなかから、聖徳太子の側近だった秦河勝《はたのかわかつ》が太子の姿に関して述べている部分を紹介しよう。


「殿下は身長が七尺二寸（約二メートル一六センチ）。

容貌は至って厳《おごそ》かであり、人柄は気高《けだか》く、黒目の部分は杜若《かきつばた》のように紫である。

耳の縁は豊かで眉から口元まで届き、歯は白玉のようである。

その行ないは礼にかない、未然（未来）を知ることができ、壁の外が明るいか暗いかまでをもわかられる」

尺の単位の正確な取り決めは、江戸時代以降に行なわれたはずだから、このころは大雑把な勘定であったに違いない。しかし、それを考慮しても一メートル八〇センチ近くはある長身だったようで、瞳は紫色（ブルーか？）をしていたというのである。

ちなみに、近年、法隆寺《ほうりゅうじ》の釈迦如来の台座から鼻の高い西洋人のような肖像が出て話題になったが、この『先代旧事本記』の聖徳太子像と二重写しのようで、これこそ真実の姿のように思えてならないのである。

◎遺跡発掘によって問われる「聖徳太子＝仏教徒」の真偽

一九八七年七月、奈良県桜井市上宮遺跡で、六世紀末の建物遺構群が発見された。

そこは、聖徳太子がまだ上宮皇子と呼ばれていたころに住んでいた場所で、発掘者の発表では、推定される建造物は「主殿、脇殿、倉庫、西屋」とあって、他にも主殿から延びた回廊状の廊下も認められる、とのことだった。

さらに、この遺跡からは大量の馬の骨も発見され、そのことから、おそらく「はんさい」の跡だろうとされている。

「はんさい」とは、神に生贄《いけにえ》を捧げる習慣のことで、これ自体は何の不思議もない習慣だが、発掘された場所が問題である。

ここは、まぎれもなく若き太子が住んでいた場所なのだ。にもかかわらず、なぜ馬の「はんさい」跡があったのだろうか？　私たちは聖徳太子のことを、父親の用明《ようめい》天皇の影響を受け、幼い頃から熱心な仏教徒だったと教科書で習ってきた。その仏教では、殺生《せっしょう》を戒めるため当然、生贄の習慣などない。

御物聖徳太子像（宮内庁蔵）

聖徳太子は仏教徒ではなかったのだろうか？

この根本的な疑問を解決するには、太子の真の宗教意識と思想を探らなくてはならないだろう。そこでまず、太子の母親、間人《はしひと》皇后から、その宗教意識の流れを追っていこうと思う。

◎太子の母、穴穂部間人は巫女だった！――

太子の母、間人皇后を探るにあたって、彼女の名前の意味から解明していこう。

古来、名はその人物自身を表わす形容詞としてつけられたため、現在、私たちがつかう姓名とは根本から観念が違っている。

たとえば、推古天皇の姓名は「豊御食炊屋比売《とよみけのかしきやひめ》」で、その名のとおり、たいへん料理上手な女性であったといわれ、神武《じんむ》天皇は「神 倭伊波礼比古《かむやまとのいわれひこ》」といって、倭《やまと》を治めた支配者という意味になる。

さて、間人皇后の姓名はというと「穴穂部間人《あなほべのはしひと》」である。

「穴穂部」という姓は、おそらく山人に結びついているように思われる。山人とは、山を渡り歩く漂泊の民で、その構成は木匠、石工、金属師が主で、マタギも山人の流れである。彼らは朝廷によって里から追いやられた先住民の子孫であったのだ。

なぜ山人かというと、穴穂部の「穴」とは、火山口や鉱脈の採掘に関係がある言葉で、出雲《いずも》神話に登場する「大穴持ち」も火山神、国土開拓の神のことだからである。

また、近江《おうみ》の南坂本には穴太《あのう》という地があるが、『海人《あま》と天皇』の著者、梅原猛氏によると、ここには〝穴太衆〟という石工集団がいたということで、つまり、もともと穴穂部と穴太は同義語だったのである。

ちなみに、毎年一月十一日には、太子が建てた最初の寺といわれる四天王寺《してんのうじ》で「チョンナメ祭」が催される。これは四天王寺の正大工、金剛《こんごう》家が奉仕するもので、斧《おの》を持って四方を拝する

天の橋立

大工の祭りだ。

　聖徳太子が「木匠」の祖といわれたり、職人、金属師たちの間で信仰されているのは、穴穂部の背景にある人脈や宗教と、何らかの関係があったからだと思われる。

　次は名の「間人」である。間人の「間」とは、古来、〃神と人とをつなぐ物〃という観念が表わされた言葉だった。

　たとえば、「天の橋立」を思い出すとわかりやすい。「天の橋立」とは、イザナギ・イザナミの両神が天と地を行き交うためにつけた梯子《はしご》が、倒れてできたものといわれている。

　もう一つの橋に関するものに、「橋占《はしうら》」というものがある。昔は、橋が架かっている場所には必ず占いを専門とする巫女《みこ》の集団がいて、橋を通る人に対して預言を行なうというものである。

　余談になるが、昔の巫女の存在を知るものに「美《み》濃《の》・青墓の遊女による伝承」というものがある。

もともと遊女というのは、古来の巫女のなれのはてである。巫女の職務のうちの主となるものが「語り」に関するもので、神に一番近い女性であった。『古事記』の原型となった帝記、本辞を読みならわした稗田阿礼《ひえだのあれ》の名は、「稗田＝肥沃な田」「阿礼＝神の依る社」という意味で、神に仕えていた女の巫女である。

元来、巫女たちは神社に奉仕していたのだが、その修行はとても厳しいものだったようで、中世の頃になると修行を逃れ巫女抜けをして、各地を放浪する者が出はじめた。

このような巫女くずれや、権力体制から排除された土着の巫女たちは、身につけた芸の「口寄せ」や「歌読み、踊り」などを通じて民衆にわかりやすく布教をほどこし、大衆文化の担い手となり、各地の情報に通じることによって歴史の語り手にもなった。

こうして「歩き巫女、比丘尼《びくに》、白拍子《しらびょうし》」などと呼ばれた女性たちは、ときには芸を、ときには体を売って生計を立てていたのである。

当時において、巫女との交わりは神との交わりであり神聖なもので、その際、巫女に支払われる代金は、神への賽銭であった。しかし、中央集権が確立されると、体制側でない巫女たちは、その権威を失くし、体を売る遊女に転落していく。

遊女が「観音《かんのん》・菩薩《ぼさつ》」などと呼ばれるのは、彼女たちが巫女であった頃に担っていた信仰の痕跡なのである。

◎太子の予知能力は巫女の母から受け継いだ

神との交信や預言をする人、つまり巫女＝間人なのである。

ということで姓と名を合わせると、「穴穂部間人」とは、石工や木匠といった特殊な技術集団と関係のある、宗教的巫女であったと推察できる。

他にも、間人皇后＝巫女説を裏づけるものに「山路の牛飼い」という伝説があるので、ご紹介しておく。


用明《ようめい》天皇は、草刈り童《わらべ》に身をやつして、牛に乗り、笛を吹く、そして美しい娘、玉世姫《たまよひめ》を娶《めと》り、聖徳太子が生まれる。


この話に出てくる玉世姫というのが、当然、間人皇后である。さらにいうと、玉世姫という名もまた、明らかに巫女の名前なのだ。玉《たま》は魂・霊を意味して、玉世や玉依《たまより》という名は、古来から巫女に対してつかわれてきたものだ。

すると、聖徳太子の未然（未来）を知る能力は、母親の穴穂部間人＝玉世姫から受け継いだもので、なおかつ、当時の子供たちは母親によって教育され、父親は通い夫的な存在だったことを考慮すると、なおさら母の強い影響によるものだったと考えられるのである。

◎間人皇后の謎が隠されていた三柱神社

穴穂部間人には、もう一つ重要な謎がある。それは、間人皇后の血脈、生い立ちに関係があると思われる神社の謎だ。

その神社とは、京都府丹後市竹野郡、旧名・間人《はしひと》の地にある「三柱神社《みはしら》」といって、ここには間人皇后が実際に住んでいた宮殿の跡がある。

間人皇后が丹後に行ったという話は、正史には出てこない。しかし、現在、大阪の阿倍野で東医院の副理事をしている、藤田（旧姓・東）良治氏に会って、この話が真実であるという確証を得た。

藤田氏の祖父は丹後で宮司をしていたそうで、先祖を辿《たど》ると、東漢直駒《やまとのあやのあたいこま》にあたり、その昔、間人皇后に随行して丹後に渡り、そのまま神社を建てて宮司として住み着いたというのだ。

東漢直駒とは、蘇我馬子《そがのうまこ》の配下となっていた渡来人である。彼は崇峻《すしゅん》天皇を殺害したのち、馬子の娘で崇峻天皇の妃であった河上女郎子《かわかみのいらつめ》を誘惑したということで馬子の怒りを買い、馬子の手によって殺されたことになっている。

間人皇后の宮殿跡がある三柱神社

　このことは『先代旧事本記』にも次のように記されている。

　冬十月　人あって朝廷に山猪を捧げる。天皇猪を指さし、意気込んで曰く。「何時の日かこの猪を打つがごとく、朕の嫌いな人間（馬子）を絶たん」

　時に大臣《おおおみ》（馬子）は、これを聞いて嫌われるのを恐れ、東漢直駒を用いてただちに天皇を殺させる。

　その裏には、崇峻天皇が軟禁に近い状態で馬子に操られるという傀儡《かいらい》天皇の身に不満があったことや、川上女郎子が東漢直駒と不倫をしていたという事情があった。

　ところが馬子は直駒に対して背信し、直駒

を引っ立てて、その髪を木に縛って打ちすえ、駒にこう言うのである。


「汝は我が用いて天皇を殺させたと皆が噂しておる。この罪一つ。

汝は生まれつき妄乱にして天皇の妃と通じた。この罪二つ。

汝は我を悪名として千年ののちにつたえり。この罪三つ」


罪を数えるたびに馬子は駒に矢を放ち、駒はこう叫んだ。

「私は、何事もことある時は大臣の命ずるままにしてきました。天皇が大臣より尊いとは知りませんでした。それが罪といえば罪でしょう。そのこと以外は謝りません！」

馬子は大いに怒って剣を投げて駒の腹を潰し、その首を切った。

そして側近に「天皇を殺した者は、こうなることを忘れるな」と言ったのである。

これは、いままでいわれてきた東漢直駒が、崇峻天皇（太子の叔父、間人の弟）を暗殺し、その後、蘇我馬子に討たれたという正史と話が食い違うが、やはり直接の子孫の話のほうが真実だろう。そこで、この穴穂部間人ゆかりの三柱神社の伝承を次にご紹介しよう。

◎穴穂部間人と関連する「鬼退治伝説」

三柱神社と間人宮殿跡の伝承については、地元の郷土史研究家、港井清七朗氏にうかがった。港井氏によると、間人皇后は蘇我と物部《もののべ》の戦いの際、〝蘇我の追手から逃れるため〟にこの地へ来たという。

正史では、間人皇后は蘇我側の人間のはずだ。にもかかわらず、たしかに蘇我から逃れて来たということで、いまでもこの部分が言い伝えの謎とされているそうだ。

ただしこの地方は、大和朝廷からの〝粛清〟がかなり入った過去があるため、そのときに古い資料などが焼かれて謎になってしまったとも考えられる。

丹後一帯は、かなり古くから権力側の弾圧を受けた歴史があり、それは「鬼退治伝説」というかたちで残されている。ここでいう「鬼」とは、当時の大和朝廷に反抗した勢力に対する総称である。

丹後の鬼退治伝説の主人公は、聖徳太子の異母弟の麿子皇子《まろこおうじ》だった。麿子皇子は京都の亀岡から鬼退治に出かけ、丹後間人で鬼たちを追いつめ、立岩の中に閉じこめたといわれている。

また有名な鬼の話に、丹後の酒呑童子《しゅてんどうじ》の話がある。丹後の大江に鬼がいて、平安時代まで生き残って悪さをしていたが、同時に民衆に親しまれ、尊敬されていたというものだ。

鬼に関してもう一つ話をあげると、有名な修験道《しゅげんどう》の開祖「役小角《えんのおづぬ》」の話がある。

役小角は、正しくは賀茂役君小角《かものえだちのきみのおづぬ》といって、天皇家も一目おく名家、賀茂一族の出身だった。

生まれたときから角が生えていたため小角と呼ばれ、前鬼・後鬼という二人の鬼を従えていたという。

修験者《しゅげんじゃ》とは、つまり山人で、冶金術・薬術に優れた者たちである。鬼が必ず手に持っている鉄棒は、製鉄技術に優れた職人のシンボルといえるだろう。

役小角を祖と仰ぐ修験者（上）は冶金術＝鍛冶（下）に優れていた

当時、天皇家が煙たく思っていた者たちが鬼と呼ばれたのだが、小角も天皇に謀叛を企てた罪で流罪となっている。

鬼伝説が続いたが、じつは太子の母、間人皇后も、平安時代初期に書かれた『上宮聖徳法王《じょうぐうしょうとくほうおう》帝説《ていせつ》』のなかで「鬼前大后《かみのさきおおきさき》」と表わされている。

元来、鬼は山人＝技術集団で、反天皇勢力だった。その鬼と呼ばれる人々は、なぜか聖徳太子を信仰していたし、なおかつ間人皇后も鬼前大后と呼ばれていたのである。

◎聖徳太子の母・穴穂部間人は混血だった？

丹後では、間人を「ハシヒト」ではなく「タイザ」と読む。間人皇后がこの地を去るとき、自分の名前を残してほしいということで、この地名になったという。

歴史言語学者の川崎真治氏によると、そもそも「タイザ」という言葉は、ヘブライ語やバビロニア語の元になった、古代オリエント語の「タイガシュ」の訛《なま》ったものという。

古代オリエント語での「タイガシュ」の意味は、「タイ」＝太陽、「ガシュ」＝鳥となり、「太陽の遣いの鳥」となるそうだ。

「ガ」から「ザ」への音転換は音韻《おんいん》上の普遍的変化といわれ、同類に紀州の「サイガ（雑賀）」がある。この地に、鳥をトーテムとする民族がいたことは歴史上たしかで、織田信長《おだのぶなが》に抵抗した雑賀孫市《さいがまごいち》のシンボルも鳥であった。

また「タイザ」が朝鮮語だとすると「混血」という意味もあるらしい。

間人を偲んで「太陽の遺いの鳥」と名づけたとしたら、いかにも巫女に贈る名としてふさわしいだろう。

地名についてもう一ついうと、間人の宮殿のあった場所は「岡成《おかなる》」と呼び伝えられている。「オカ」は傾斜、「ナル」は国土または太陽を意味するので、「岡成」＝「太陽をあがめる貴人の領地の岡」ということであるようだ。

『先代旧事本記』に記された〝聖徳太子の紫の瞳〟の理由が、ここで初めて見えてきたように思う。おそらく「太陽の遣い」と「混血」のどちらもが正解なのだろう。

当時、バビロニア語を理解する人々は巫女を尊んで「タイガシュ」と呼び、朝鮮系の人々はそれを聞いて「タイザ（混血）」と思ったとしても不思議ではない。

Ⅱ・丹後に残された伝承の謎

◎丹後半島には徐福が渡来していた⁉

丹後にはいくつかの伝説がある。一つには、徐福《じょふく》の一行が渡来したという「徐福伝説」。また日本中で有名な「浦島伝説」「天女伝説」も丹後が発祥といわれている。

「徐福伝説」とは、紀元前三世紀頃、中国の皇帝だった秦始皇帝《しんのしこうてい》の命を受けた徐福が、東海の島に浮かぶ蓬萊《ほうらい》・方丈・永州という神山にあるという不老不死の薬を求めて船出し、日本のどこかに辿り着き、二度と中国へは戻らなかったという話である。

徐福の一行は、大船八十五隻の大船団で、五百人あまりの乗員は、大工、農夫、左官、蓑《みの》張り、木こり、石工、医者、楽人《がくじん》などで構成されていた。また、多くの財宝が積まれていたにもかかわらず、皇帝側の見張りは一人もいなかったので、『ユダヤ人と日本人の秘密』の著者、水上涼氏によると、これは、むしろ移民団だったという。

ちなみに太子の側近であった秦氏は、自らを秦始皇帝の末裔と名乗っていたが、この徐福伝説とつながっているのだろうか？

先ほどの郷土史研究家、港井氏によると、この地方に住む人はいまでも渡来系の姓をもっていて、祖先は対馬《つしま》海流に乗って海を渡って来たという。

初めて来た渡来人たちは、陸地にどんな敵がいるかわからないため、用心深く近くの城島（旧称・牛島）という島に村をつくり、様子を見ながら徐々に上陸した。ちなみに、先に紹介した、用明天皇が笛を吹きながら牛に乗って間人皇后と会う話は、この牛島と関係があるように思える。

竹野神社

こういった伝承が、いまだに詳しく残っているのも不思議な話だが、たしかな伝承を残している神社の一つに竹野神社がある。竹野神社は竹野郡のなかで一番古い神社で、丹後の大県主《おおあがたぬし》の娘が代々姫神として奉仕していた。また、開化《かいか》天皇の時代あたりから竹野の姫神は、ときおり大和朝廷に輿《こし》入れさせられていたという。

竹野神社は昔、峯ガ尾山を御神体として拝むという素朴な信仰形態だったものが、麿子皇子が鬼退治をしたおり、竹野に現在の神社を建立《こんりゅう》したものだ。

竹野神社の姫神が、朝廷に輿入れさせられたというのは、天皇家が有力豪族の血を欲したということで、氏族の巫女《みこ》を娶《めと》ることで入婿《いりむこ》となり、政権を固めていくという方法である。丹後の大県主の血筋は特別だったようだ。それもそのはず、なんと丹後の大県主とは「海部《あまべ》氏」だったのである。

◎間人皇后ゆかりの地、丹後は元伊勢だった！

海部氏とは、現在でも天の橋立近くにある与謝宮《よさのみや》（元伊勢）で、代々宮司を続ける家柄である。

与謝宮（籠神社）

海部氏の家系図が戦後はじめて公開されると、そこに記されていたのは、神武天皇以前に倭《やまと》の地にいた、天孫族ニギハヤヒ（別名・火明命《ホアカリノミコト》）から始まるものだった。海部氏が、天皇家より古い家柄であることが判明した当時は騒然となり、その家系図はいまも国宝に指定されている。

海部氏について、あまり知られていない事実がもう一つある。じつは海部氏こそが、日本神道《しんとう》の総元締めだったのだ。さらに、大和朝廷で宗教的実権を握っていた物部氏《もののべ》とは、海部氏の分家にあたるのである。

ちなみに竹野神社の主祭神はというと、現在は天照大神《アマテラスオオミカミ》・竹野姫・いつき大明神となっているが、昔は豊受之大神《トヨウケノオオカミ》であった。

豊受之大神とは伊勢神宮外宮《げぐう》の神で、最古の鎮座場所は淡路島《あわじ》である。そこから竹野神社に遷《うつ》されたのち、与謝宮、そして最後に伊勢へと遷っていった。

地元の『丹後風土記《ふどき》』によると、豊受之大神は昔、五穀の種と桑蚕《くわかいこ》をもって伊去奈子山《いさなご》に天からやって来た豊穣の女神で、各地の天女伝説のもとになったという。また、豊受之大神は月の神とも海の神ともいわれ、与謝宮の海の奥宮は別名を竜宮《りゅうぐう》と呼ばれ、竜神信仰とも関係があったという。

ここで、大事なことに気づかなければならない。竹野神社の主祭神が豊受之大神であったということは、竹野神社もまた〝元伊勢〟であったということなのだ。

◎浦島伝説の玉手箱には三種の神器が入っていた？

前述した『丹後風土記』には〝浦島伝説〟も登場する。間人《はしひと》皇后に重要な関係があると思われる、この〝浦島伝説〟をご紹介しよう。

雄略《ゆうりやく》天皇の時代、丹後日置の里に日下部首《くさかべのおびと》らの先祖で、浦の島子という者がいた。容姿の端麗な若者で、ある日、漁に出たとき大亀を捕まえた。

すると大亀は美しい女に変わり、島子を竜宮城へと誘った。

最初に島子が見たのは牡牛座の昴《すばる》とあめふり星の精である七人と八人の童であった。

竜宮でしばらくは、楽しい時をすごしていた島子であったが、ふと地上に戻りたくなる。

島子は乙姫《おとひめ》から玉手箱をもらって家に帰るが、地上では長い月日がたっていて、知っている人は誰もいなくなっている。

虚しくなった島子は、乙姫にもらった玉手箱を開く。

すると煙が立ちのぼり、老人になってしまった。

ここに登場する、島子の行ってきた竜宮は、丹後与謝宮

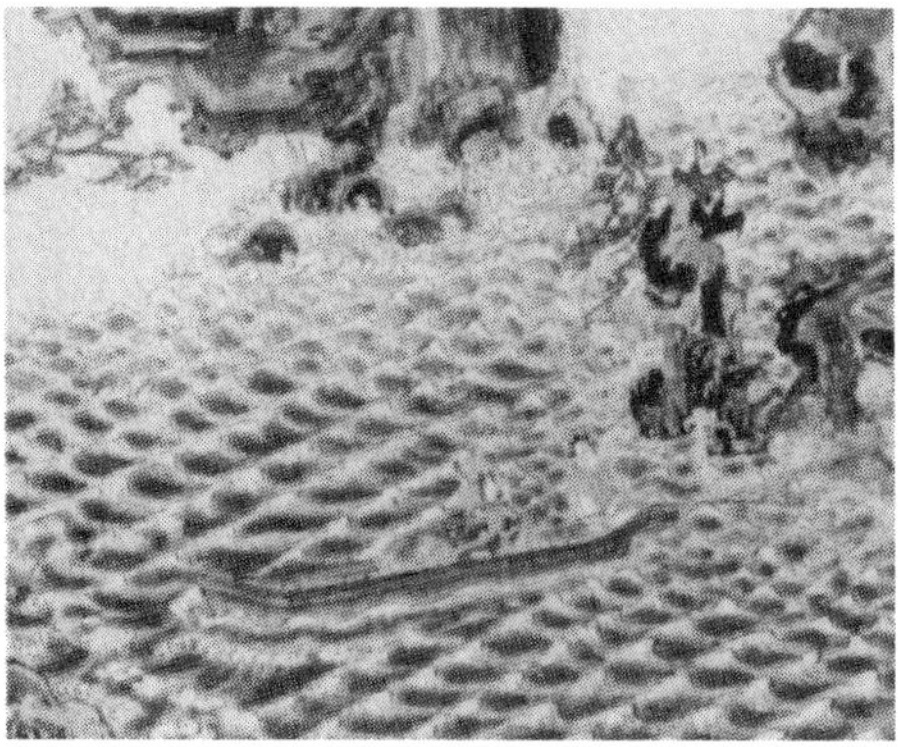

亀を釣り上げる浦島子
(『浦島明神縁起絵巻』、下も)

玉手箱を開ける

籠《この》神社の奥の宮の、メ島・オ島の真ん中の海中にあるといわれている。しかし、この話にはもっと注意しなければならない部分がある。その玉手箱がその後どうなったのか、についてである。

玉手箱のその後は、面白いことに『先代旧事本記』の伊勢神宮の発祥に関する記述に登場する。

どういう経路をたどったかはわからないが、ともかく玉手箱は伊勢に行って猿田彦《サルタヒコ》大神（天狗の原型の神。ちなみに、天狗もいわば山人である）がじっと守っていた。そして通りがかった天皇家の巫女《みこ》、倭姫命《ヤマトヒメノミコト》の前に現われて玉手箱を差し出し、「ここに三種の神器が入っております。どうぞ」と言って渡したという。

玉手箱に〝三種の神器〟が入っていたとは、驚愕の新事実だろう。

そして、もしこの話が真実だったとすると、皇孫であるヒコホホデミノミコトが天照大神に授けられた王権のシンボル〝三種の神器〟を、天皇家は少なくとも垂仁《すいにん》天皇の時代までは持っていなかったことになる。

また、別の見方をすれば玉手箱に入っていたということは、〝三種の神器〟に不老不死の力があるとも考えられる。

こうした竜宮伝説は、一般的には渡来人が伝えた大陸産の話と考えられるかもしれない。たしかに、中国の洞庭《どうてい》湖周辺に伝わる「竜女説話」などは、話の内容が浦の島子とそっくりだ。

しかし古代の日本が、人・文化を含めて大陸と密接な関係にあり、「三神山がはるか東海の向こうにある山だ」と中国で表現されるように、ほんとうは、浦の島子の話などはもともと日本にあった話で、それが大陸に伝えられたのに、道教色が加味されて再び逆輸入されたと考えるほうが妥当ではないだろうか。

◎かぐや姫とは太子の祖母で、その舞台は丹後だった

「浦島伝説」の次は「かぐや姫」である。

かぐや姫を迎えに天の使いが降りてくる
（講談社の繪本『竹取物語　かぐや姫』より）

かぐや姫の話をご存じない方はないだろうが、念のためにご紹介しておこう。

ある日、竹取りの翁《おきな》が竹を取りに行く。すると一本の竹が光り輝いているので切って中を見ると、美しい女の子がいた。子供のいない翁は連れて帰り夫婦で育てると、女の子はみるみる成長し、光り輝くような美女になった。それゆえ彼女は人々から〃かぐや（輝く）姫〃と呼ばれた。

その噂を聞いて、多くの貴公子が求婚してくるが、かぐや姫は彼らに無理難題の贈り物を要求したのち、求婚を断ってしまう。

時の帝《みかど》まで求婚したというのに、月を見上げ泣いてばかりいるかぐや姫に、お爺さんとお婆さんがわけを尋ねると、

「じつは、私は月の世界から来た者です。満月になると向こうに帰らねばなりません」

と打ち明ける。そして満月の晩、かぐや姫を帰らすまいと帝が固めた兵を尻目に、月からの遣いは、やすやすとかぐや姫を連れ帰ってしまう。

姫は帰る前に、お爺さんとお婆さんに不老不死の薬を手渡していた。しかし、姫がいなければ不老不死になっても仕方がないと、二人は山の頂上に行き薬を燃やす。山からは煙が立ちのぼり、その山を不死（富士）の山といった。

これが大体のあらすじである。しかし重要なのは、かぐや姫のモデルが聖徳太子の祖母だといわれていることにある。

「月・竹・不老不死」というキーワードが登場するが、月は月神である元伊勢の豊受之大神《トヨウケノオオカミ》。竹は竹野。不老不死は玉手箱と、不思議なことに丹後との共通点が多い。また、富士（不死）山も実際に丹後にある。

ほんとうに太子の祖母が竹野の姫神（かぐや姫）なのか？　だとすると、太子と富士とは深いつながりがあるはずである。

そして、このつながりを示すものに、平安時代末期に書かれた『聖徳太子伝暦』のなかの黒駒《くろこま》太子の話があったのだ。

◎太子が行った富士は丹後の富士だった

『聖徳太子伝暦』によると、太子は二十八歳のとき、甲斐《かい》の国から烏駒《からすこま》という黒馬を献上された。あるとき、三日ほど行方が知れなかった太子が再び帰ってくると、富士を越えて越中《えっちゅう》、越後《えちご》、越前《えちぜん》を見てきたという。

太子が三日の行程で越えた富士とは丹後にあったものか？（写真は富士山）

この富士を飛び越す太子像を、東北地方では「まいりの仏」と呼び、絵を三度死者の上でかざせば、極楽浄土へ行くとされている。

ここでいう太子が越えた富士が、現在の富士山とは考えにくい。むしろ、丹後の富士へ行って帰ってきたと考えるほうが、日数をみても妥当だろう。

また太子と同行したのが、馬飼いの調子丸という者であったというが、「調子」という名に注目したい。調子というのは「調子を取る」とか「手拍子を取る」といわれるように、馬飼いというよりも、楽士を連想させる名前である。

そこで考えられる推論だが、ほんとうは太子は楽士を連れて、丹後の富士山にある〝三種の神器〟の「かぐや姫の残した不老不死の薬」を確認しに行ったのではないだろうか？

伝説では、不老不死の薬は燃やされたことになっているが、じつは秘匿されていて、それを知っていた太子は、古来、神事に欠かせない音楽として自ら笛を吹き、楽を奏じて帰ってきた。この富士に参った太子を「まいりの仏」と呼んだのだろう。

さて、この一連のおとぎ話が、実際の歴史もしくは聖徳太子と関連しているなどとは、ナンセンスであると一笑に付す方もいるかもしれない。

しかし、元々おとぎ話というのは、「おとぎ衆」と呼ばれる職業集団に担われたものだった。目的は、信仰の管理、地域史実の継承、ときには権力側や反権力側が地方の情報を収集するためであったり、逆に大衆布教によって民衆を教化することでもあった。また、戦国時代になると、「おとぎ衆」は武将のスパイとして活躍したり、戦略の相談役にもなったのである。

かぐや姫の物語は、おとぎ話が読み物として登場した平安時代に、すでに以前からあったもので、太子の祖母の話としても年代的に辻褄《つじつま》は合う。

こうした物語には、治世者側の多くのタブーがあったため、読む人が読めばわかるが、一般民衆にはファンタジーとしか思えないように、抽象的な話に書き換えられたのだろう。

おとぎ話とは、〝根も葉もある史実〟だったのである。

◎小姉君の血を引く者が蘇我に暗殺されていた

もう少し、聖徳太子の祖母について考察してみよう。

従来の伝承では、太子の祖母は堅塩姫ということになっているが、ここで太子が絡む家系図を見てみよう。すると、蘇我に暗殺された人物が、太子の母方の祖母「小姉君」の血を引く者に集中していることがわかるのである。

たしかに、小姉君が堅塩姫に比べて不自然なほど冷遇されていたことは史実なのだが、この小姉君が竹野の姫君であることを考えると、小姉君の血を引く間人が蘇我の追手を逃れ、丹後に行った理由も明確になってくる。

間人は小姉君を通じて物部と縁続きである。そして追手を逃れて、自分を匿ってくれる母の地元の竹野に里帰りしたということだろうし、間人が鬼前大后と呼ばれていたわけも、小姉君から丹後の血を引いていたからだと推察できるのである。

そもそも小姉君が大和朝廷に輿入れした時代は、欽明《きんめい》天皇と安閑《あんかん》天皇の両王朝が対立していた

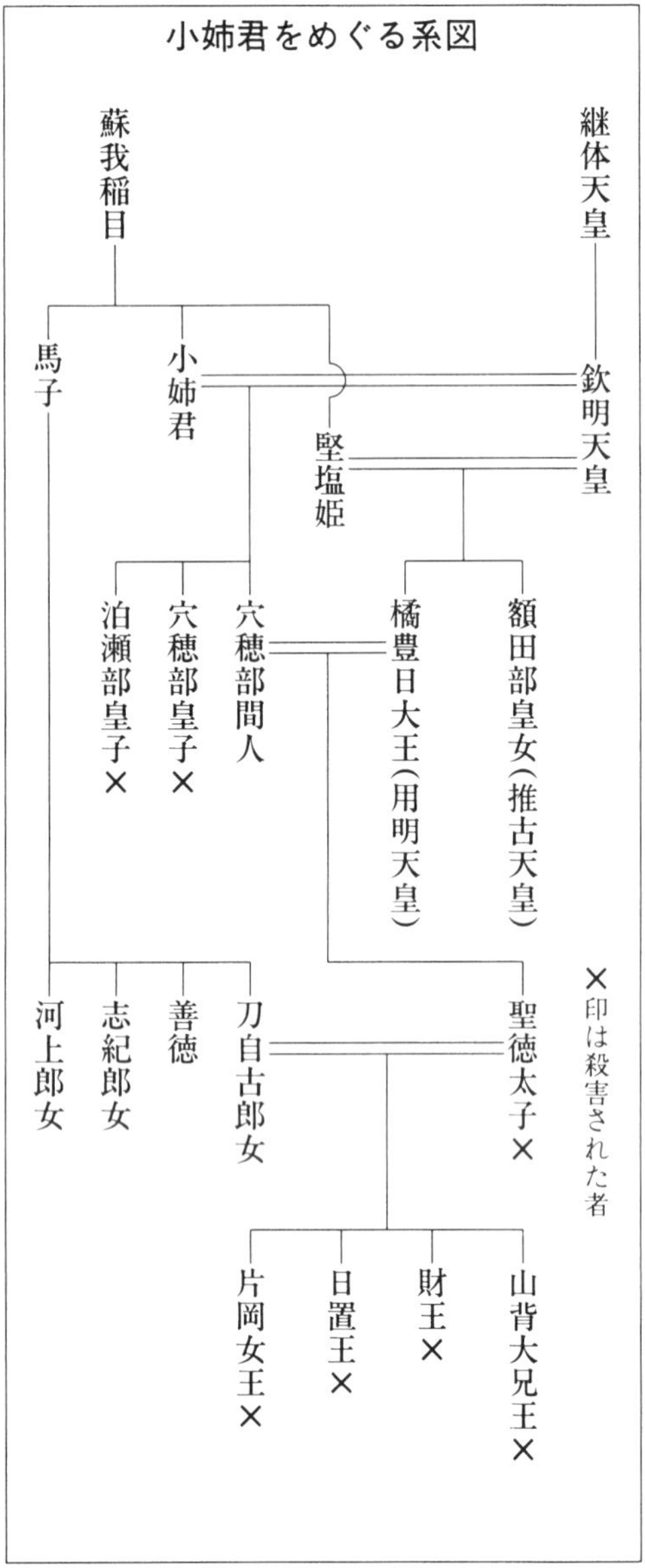

小姉君をめぐる系図

時代であった。

欽明は大和朝廷としての優位を確立するために、膨大な富を有する渡来勢力に繫がりの強い蘇我稲目《いなめ》の娘である堅塩姫を娶ったのだが、いまでいえば成り金の娘と結婚したようなものである。人は富を得ると次に名誉がほしくなるのと同様に、欽明天皇も世間に有無を言わさぬ血筋の女を入れると、自らの地位を固めたくなったのだろう。

そこで目をつけたのが、衰退したとはいえ物部より高貴な血をもつ海部の巫女であった。そして豪族たちは、欽明を名実ともにただ一人の大王と認めたのである。

しかし、婿の地位は安泰したものの、蘇我稲目は自らの一族にコンプレックスを感じただろうし、苦い思いを噛みしめたことだろう。

そして、その悔しさを受け継いだのが、息子の馬子だったのである。

馬子がひたすら権力の掌握のために生き、非情とも思える権謀術策で生涯を貫いたのも、そのためかも知れない。

堅塩姫が死去して欽明天皇の墳墓に被葬する際、馬子は欽明天皇の石棺を引きずって手間に配置して、その奥に堅塩姫を据えた。これはすなわち、堅塩姫を欽明天皇より上位に据えていった壮大なセレモニーだった。

つまり、大和朝廷に対する馬子の復讐であり、大和朝廷を実質的に支えたのは蘇我一族であるというプロパガンダだったのである。

◎蘇我馬子の陰謀が隠されていた太子の系図

話を聖徳太子の家系図に戻そう。

太子が海部《あまべ》の系統に属する人間であったと考えられる節は、『先代旧事本記』にもしばしば登場する。

まず、間人が聖徳太子を出産する下りはこう記されている。


春正月、夜二更に至って、妃夢に異色の神人あらわれ、容貌端麗なり、妃に対して忽然と立って曰く。

「我に世を救う力あり、願わくば暫く后の腹に宿らむ」


『聖徳太子伝暦』などによると、そのとき現われたのは救世観音《ぐぜかんのん》で、聖徳太子はその生まれ変わりということになっているが、これは始めから太子の出生を仏教と結びつけているものだ。しかし『先代旧事本記』では、現われたのは異色の神人で「世を救う力がある」というだけで、仏でも観音でもないのである。

こうした経過で、太子は敏達《びだつ》天皇三年一月一日に馬小屋の前で誕生し、敏達天皇が太子親子を見舞うのだが、そのとき、厳《おごそ》かな声が部屋に響いた。

不思議に思った天皇が臣下に調べさせると、錦の袋があって中には一つの鈴が入っていた。

鈴には五行の形があり、その中には鬼の形があって、誰もその意味がわからなかったのだが、一人の女が神がかりしてこう言った。

「私は、日の大神である。この鈴は神世の皇帝のものである。この皇子は私の道を興《おこ》す者であるから、これを授けたのである」

さらに太子の生まれた月に天皇は、四国の讃岐《さぬき》国に住む物部兄丸《もののべのあにまる》から聖人の像と瓢を献上されていたのだが、その経緯は次のようなものだった。

聖徳太子は救世観音の生まれ変わりといわれる

はじめに物部兄丸の家で不思議なことが起こった。それは、梅の木に瓜が寄生し実が成って、食べると甘く美味であり、その瓜の腹には秦字（ペルシャ文字）が浮き上がっていたのである。

その文字は、どうやら人の名前のようであったが、さらに大蛇がいつからか棲みついて瓜を守って人を近寄らせなかった。

そのうち十二月十五日、極寒のなかで、兄丸の馬が頭が竜のような小馬を生む。

その小馬は、乳を飲まずに蛇の守る瓜の葉ばかりを食べて育ち、この月、瓢をくわえて来て兄丸の家の台に置き去ったので、兄丸は敏達天皇に瓜を献上した。そして天皇は、これを太子への献上品と判断して、生まれたばかりの聖徳太子に瓢を握らせたのである。

聖徳太子の出生に際し、鬼の形の鈴が出現したり、物部兄丸がペルシャ語で人の名が書かれた瓢を太子に献上したりしているが、蘇我が太子の誕生に際して何かを献上した形跡はない。こうしたところに〝太子は蘇我の直系〟の噂が如実に表われているのである。

物部と海部系の討伐によって政治の実権を握ろうとした蘇我馬子の陰謀が、小姉君の血を引く者たちの暗殺系図の裏に隠されていたということだろう。

第二章

聖徳太子は「ユダヤ丹後王朝」の皇子だった

I・丹後王朝の存在とユダヤ人の謎

◎丹後一の宮、元伊勢、籠神社の謎

京都府若狭《わかさ》市にある籠《この》神社は、別名与謝《よさ》の宮といって日本三景の一つ、天の橋立を参道とする神社である。

発祥二千五百年を数え、丹後一の宮に位置づけられる神社で、縁起《えんぎ》帳によると第十代崇神《すじん》天皇のとき、宮中から天照大神《アマテラスオオミカミ》の御神体が遷《うつ》り、豊受之大神《トヨウケノオオカミ》と一緒に祀った歴史があり、それゆえ元伊勢《もといせ》と呼ばれているという。

天照大神は、四年間この地に祀られたのち伊勢に遷《うつ》り、また豊受之大神は、雄略《ゆうりやく》天皇のとき、天照大神のお告げによって伊勢に遷った。

そのときから名称を籠神社と改め、天孫・彦火明命《ヒコホアカリノミコト》を祭神として人々の崇拝を集めてきたのである。

元伊勢として由緒正しい籠神社には、奥宮《おくのみや》と呼ばれる真名井《まない》神社があるが、神社の石柱には

籠神社の奥宮・真名井神社

真名井神社の「六芒星」

伊勢神宮と同じように、六芒星《ろくぼうせい》が刻まれている。

六芒星とは別名ダビデの星といって、イスラエルの国旗につかわれている星型の紋章で、そもそも、伊勢神宮に六芒星があるため、日本とユダヤのつながりを示す証拠として諸説乱れ飛び、巷《ちまた》を賑わせてきたのである。

実際、六芒星が刻まれている理由について皇室側は、「石灯籠《いしどうろう》のマーク（六芒星）は、これを造った石屋の家紋である」としたり、「終戦後、アメリカへの友好を示すために星のマークにした」（ただし、アメリカの国旗は五芒星である）などと曖昧な回答をしている。

そこで、太子の母方の氏族と思われる海部《あまべ》氏の謎を追って話を進めていこう。

◎小姉君へつながる海部氏の高祖はニギハヤヒか？

海部氏とは、天孫・彦火明命《ヒコホアカリノミコト》を始祖とする日本最古の家系で、それを示す証拠に神世から伝わっていて現存する品、オキツカガミ・ヘツカガミという二面の鏡がある。これは『古事記』『日本書紀』にも登場する品で、いまも国の重要文化財として指定を受けている。

火明命というのは、日本に天降った最初の天孫、天照大神《アマテラスオオミカミ》の孫、彦穂々出見命《ヒコホホデミノミコト》の兄のことである。ちなみに火明とは、火が赤々と燃えているさまを表わす名で、彦穂々出見とは、稲の穂が生い茂るさまを表わす名だ。

オキツカガミ（上）とヘツカガミ

ただし、この話はあくまで正史に伝えられている記述で、本来、火明命の別名はニギハヤヒといって、神武《じんむ》天皇が大和《やまと》に入ったとき、すでに大和にいた天孫のことである。

ニギハヤヒという名の意味は、ニギ＝賑わう、ハヤ＝早い、ヒ＝火であり、勢いよく燃える火、または豊穣を約束する太陽神となる。

つまりニギハヤヒとは、火明と彦穂々出見を併《あわ》せた神だったのである。

そして、ニギハヤヒから出た海部の分家である物部《もののべ》が、大和の最初の天皇家だったということは、彦穂々出見という現在の天皇家につながる天孫が、いかにもニギハヤヒ系の名をつけて捏造《ねつぞう》されたものである可能性が高いといえる。

そこで、これらの謎を解くため、籠《この》神社の現宮司、海部光彦氏に直接お伺いした。

すると、海部氏の高祖ニギハヤヒについては、別名蛭子神《ヒルコノカミ》といって、イザナギ・イザナミの両神が最初に生んだ子供と同神で、葦《あし》の駕籠に入れて流されて、淡路《あわじ》島に鎮座したという。

また、火明命は天照国照火明《アマテルクニテルホアカリノミコト》命といって天照大神の古称ということで、祭神の豊受之大神も、作物の豊穣を表わすように、天照大神と同一神であるという。

ニギハヤヒ

さらに丹後には、昔、王朝があり、豊受之大神とは、但《た》馬《じま》・丹後《たんご》・丹波《たんば》に広がる地域一帯の人々が信仰していた神だったそうで、豊受之大神が伊勢に遷った際には、世話係として渡来一族が随行していった。

六芒星についての回答は、真名井の紋ということで、真名井の名の由来は、『旧約聖書』に出てくるマナの伝承と関係しているらしい、とのことだった。

◎丹後王朝はユダヤの神を信奉していた

籠《この》神社の関係者に、古神道を継承している、ある人物がいる。この人物から籠神社の謎について、決定的な真実がもたらされた。

あまりに衝撃的な話のため、その人物の名を明かすことはできないが、彼は始めに、丹後から出土したという直径七センチほどの、黒い石のような鉄を筆者に見せてくれた。

この鉄は鑑定の結果、紀元一世紀のもので、丹後には大和朝廷よりずっと以前から高度な製鉄文化があったという。さらには、謎の技能者集団の集落跡のようなものまでも見つかっていて、これらは丹後王朝の確かな証拠となっているのである。

当時の大和朝廷とは、近畿に進出してきた、いわゆる新興勢力だった。大和朝廷は始め、丹後王朝と同じニギハヤヒ系の豪族である物部との折衷政権のかたちをとっていたが、しだいに拡大して丹後を勢力下に収めてしまった。その丹後の最終的な服従の表明が、豊受之大神の伊勢遷宮《せんぐう》だったのである。

各地の有力豪族の信仰を取り込んで懐柔《かいじゅう》していくのは、昔から大和朝廷の手法だったが、なぜ豊受之大神だけが別格として伊勢に遷され、皇室の神社とまでなったのだろうか？　この答は衝撃的だった。

なんと、豊受之大神はユダヤの神だったのである。

特殊な信仰形態をもった丹後一族を大和朝廷が治めるためには、豊受之大神を祀り上げるしかなかったという。

しかし驚きはまだ続く。丹後は豊受之大神の御神体を伊勢に渡したと見せかけて、じつは明治時代まで神社に隠していたという。それは、紛れもなくユダヤと関係がある品、具体的にいうと〝マナの壷〟だった。

伊勢へ遷った豊受之大神

この〝マナの壷〟は、残念なことに明治時代の謎の出火が原因で、行方不明となってしまったそうである。

なんということだろうか！

以前から、「日ユ同祖論」は何度も各界の諸氏から発表されている。出雲《いずも》神話とオリエント神話が非常に類似しているという点からも、学者から注目を浴びてきた。しかし、そのほとんどが夢物語として語られ、正当な評価を受けたことがない。

しかし、こうした証言を得たいま、日本とユダヤの関係を改めて問い直す時期がきたのかもしれない。事実、前述のように「タイザ」は古代オリエント語だったのだから。

いままで判明した事実を総合すると、一つの結論が導き出せる。つまり、日本には古来ユダヤ王朝ともいえる丹後王朝が存在し、多民族国家だった日本の技術と宗教、つまり当時の実質的リーダーシップを握っていたということだろう。

そして、母方の出自を丹後に求められる聖徳太子こそが、そのユダヤ王朝の血を引く皇子だったのである。

◎月神信仰が共通する丹後王朝とユダヤ

聖徳太子がユダヤの皇子だったことを確かめるために、ほんとうに日本にユダヤ人が来ていた可能性と、ユダヤ人そのものを探ろうと思う。

ユダヤの歴史とは、紀元前四〇〇〇年ごろ存在したアブラハムという人物から始まった。

メソポタミアのウルという地に住んでいたアブラハムは、セム系アジア人種だったのだが、一般的にユダヤ人というと、アインシュタインやキッシンジャーなどの白人の顔を思い浮かべるが、これは間違いである。ユダヤ人というのは中央アジアの人種で、髪も目も黒か茶系の有色人種であった。

ちなみに、丹後から伊勢に渡った前述の渡来一族は、自らのことを「ウルノルフ」と呼びならわしていたが、これはユダヤ語で「ウルの王」という意味で、ここでも不思議な符号がある。話をアブラハムに戻すと、彼の住んでいたウルは月神信仰の盛んな土地で、当然アブラハムの一族も月神信仰だった。それは、彼の家族の名前にも表われている。

アブラハムの父は「テラ」といって、太陰月という意味である。また兄の「ラバン」は「シロ」といって、ユダヤの詩的表現で月という意味であるし、妻の名は「サラ」で月の神の配偶者を表わしているという。

ユダヤ人の多くが中世まで月神信仰をもっていた事実は、ユダヤ人居住区から出土する遺物のなかに、月の女神像があることなどから判明している。

この月神信仰こそが、丹後の豊受之大神も月神として信仰されていたことに、まさしくつながっているといえるのである。

◎ユダヤの神バール神とスサノオノミコトは同一か？

ユダヤの歴史は、アブラハムからイサク、そしてヤコブへと続いている。

そのヤコブが、ある日ベエルシバを出発してハランに向かう途中、石を枕に眠って野宿をした。するとと夢のなかに天と地を結ぶ梯子《はしご》が下りてきて、その梯子を天使が往来し、厳かな声が聞こえてきた。

「私は貴方の父、アブラハム、イサクの神である。貴方が伏している地を、貴方に与えよう」

ヤコブは起きて、神との契約がなされたことを知り、石で柱を建て、神との契約の証《あかし》とした。

ヤコブには十二人の子供が生まれ、これが、のちのユダヤの十二部族の祖先となる。

ヤコブの一族は平和そのもので、信仰も素朴なものだった。柱の前に石を積み重ね、その上で牛を焼いて、神への〝はんさい〟とした。

ところで、ユダヤ人は一神教であると信じている人が多いと思う。しかし、『旧約聖書』を参考として歴史学的な判断をすると、答は否、である。じつは、彼らは多神教なのである。

もともとユダヤ人が離散の民となった原因も、彼らが「YHWH（ヤハウェ）」以外の神に心を動かし続けたからだといわれているくらいだ。

彼らが信仰していた神の代表格は、古代オリエント全域にわたって崇拝された三人の神であった。

まず一つに、バール神（別名・タンムズ、タゴン）があるが、この神は、日本のスサノオノミコトと瓜二つなのだ。

スサノオノミコトとは三貴神の一人で、出雲《いずも》王国の開祖である。またバール神は、頭に牛の角を生やした雷雨の神（天候神）なのだが、スサノオノミコトも別名・牛頭《ごず》天王と呼ばれ、牛の角を生やした鬼神であり、嵐の神でもあった。

バール神像（左）とスサノオノミコト（芳年筆）

バール神は古代オリエントにおいて、最も英雄的な神として讃えられている。その言い伝えは、最初に鉄を使用した国、ヒッタイトの守護神「七頭の竜」と戦って鉄を手に入れ、国土を平定したというもので、スサノオの八《や》又《また》のオロチ退治と寸分違わぬ神話として残っている。違うところといえば、七頭の竜と八頭の蛇という頭の数だけなのだ。

こうしてみると、スサノオが日本製のバール神であることは疑う余地がない。

スサノオを祀る神社として有名なものに、京都の八坂《やさか》神社があるが、八坂の語源になった「ヤッサカ」という言葉は、ヘブライ・アラム語で「神への信仰」を意味するという説は、〝日ユ同祖論〟では有名な話である。

◎モーセはバール神を信仰していた⁉

バール神の性質は、古代オリエントの歴史の変転を象徴するように、複雑に変化していった。最初は雷雨の神だったが、自然の破壊力と結びつけられ、火山神へと変わったのである。

バール神の力の顕現の雷は、火山の噴火の炎と結びつき、さらに火を操る能力をもつと信じられるようになり、製鉄の神の側面も兼ね備えていく。これは、スサノオがのちに鍛冶の神になっていった過程と同じである。

バール神はその後、エジプトの太陽信仰がオリエント全域に影響していくにつれて、火の神から日の神、すなわち太陽神へと昇格する。

こうしたバール神の複雑な性質をまとめると、次のようになる。

バール神は雷雨の神で牛の角を持ち、また火山神で製鉄の神である。そして、冬至《とうじ》の日に死んでは復活する、豊穣を約束する太陽の神でもある。

ここで、ニギハヤヒが「勢いのある火」や「豊穣の太陽神」であることが思い出される。

神の名称の混乱に惑わされてはいけない。もともと古代日本においては、言霊《ことだま》信仰が盛んであった。ある者の名前は、その名をもつ者を支配していると考えられ、名前を知られるとそれを知った者から拘束されるという信仰のようなものがあり、ゆえに人は自分の本名を明かさなかったのだという。

古来の名称というのは、すべて他人からの諡《おくりな》で、あだ名のようなものだった。たとえば聖徳太子にしても、「上宮皇子《うえのみやのみこ》」「厩《うまやどの》 皇子」「豊聡耳皇子《とよとみみ》」と、さまざまな名で呼ばれていたことを考えれば理解できるだろう。

人の名でさえも明かせないのだから、一族の信仰する神の名を知られるとなると、一族そのものを支配されてしまうと考えられていたため、神のほんとうの名は特殊な人を除いて、誰も知り得なかったのである。ただ人々は、伝え聞く神の話を聞いて、ふさわしい名をつけただけだった。

同様な信仰はユダヤにもあった。それは、ユダヤの規律の基盤である十戒に「みだりに神の名を唱えてはいけない」と記載されていることからもわかる。

モーセ像（頭に角が見える）

現在、ユダヤ教の神の名といわれている「ＹＨＷＨ（ヤハウェ）」でさえ、ほんとうの発音もわからないし、どんな神であるのかも定かではない。

ただ一節には、ＹＨＷＨはバールの父、エルという神であるといわれている。するとバール信仰は、ユダヤ人の宗教の中核だったことは確実のようで、ユダヤの歴史的宗教指導者モーセも、やはりバール神を信仰していたようだ。

『旧約聖書』では、モーセがバール神を信仰していたとは書かれていないが、それは次のような記述からも明白である。

モーセはシナイ山という活火山に光が宿るのを見て、山に登り神と出会っている。
そして、神と出会い山を下りてきたモーセを見て、人々は驚き、
モーセが神と出会ったことを知る。

なぜ人々は驚き、モーセが神を見たことを知ったのだろうか？　それはモーセの頭に神のごとき角が生えていたからだったという。まさに、その姿は鬼である。

丹後にいた人びとも鬼と呼ばれ、間人《はしひと》皇后は鬼前大后《かみのさきおおきさき》と呼ばれていた。

不老不死の薬を燃やした山は富士山で、山から薬を燃やした煙が昇ったとの「竹取りの翁《おきな》」の記述を考慮すると、丹後の富士もシナイ山と同じように活火山であったに違いない。

◎伊勢の海人に伝わる蘇民はユダヤ人だった

「牛・鬼・火山」という共通のテーマが、ユダヤと聖徳太子の間にはある。

「モーセに角が生えていた」というくだりを、現在の聖書では「モーセの顔が光っていた」とし

ている（ヘブライ語で角と光は同語である）が、原文は「角が生えていた」であるらしい。それが後世になって、あまりにも異教的だという理由で、教会側が光に統一したのである。しかし、ミケランジェロのモーセ像でもわかるように、角の生えたモーセは広く認知されていたようだ。

神の啓示を受けたモーセは、当時エジプトで奴隷にされていたユダヤ民族のためにファラオに掛け合うが、ファラオはユダヤ人の解放を認めようとはしなかった。

これに怒ったバール神はエジプトに疫病をまき散らすが、ユダヤ人だけはバール神の教えを受け、戸口に牛の血を塗って目印にしたところ、疫病は通り過ぎていった。

ここで日本のスサノオにも、まったく同じような話が残っている。

ある日、スサノオが蓑《みの》を被った見すぼらしい姿に身をやつして、大金持ちの巨旦《きょたん》という人物に一夜の宿を乞う。ところが巨旦はすげなく断ってしまった。

次にスサノオは、巨旦の貧しい弟、蘇民《そみん》の家へ行くと快くもてなされた。

スサノオが立ち去るとき、疫病が襲ったなら戸口に「蘇民の子孫の守り✡」と書いて貼れば疫病を免れる、と言い残していく。

蘇とは古来、牛のことを意味するので、蘇民とは牛の民のことなのである。

貧しい弟は奴隷として働くユダヤ人で、牛の民という名をもち、しかも守りの紋は六芒星であった。

これは伊勢の海人《あま》に伝わる話なのである。

◎豊受之大神はバール・ハモン女神だった

さて、モーセはユダヤ人を率いてエジプトを脱出する。そこで『十戒』という映画でもお馴染みの、紅海を割る奇跡を起こすのだが、モーセは神に指定されたエジプト脱出の最初の宿営の地を、バール・ツェフォンにしている。バール・ツェフォンとは北のバールという意味で、バールを筆頭とする古代オリエントの神々を祀る神殿のあった場所である。

そして、バール神の母で、なおかつ妻でもあるバール・ハモン（別名イシュタル）という女神がいる。彼女は月神で、航海の女神でもあるため、海の水を自由に操り、水の上を歩く力をもっていた。モーセの奇跡は、バール神とバール・ハモン女神によって与えられたものなのである。

この月と海の女神のバール・ハモンは、そのまま豊受之大神《トヨウケノオオカミ》に写されている。この両神は夫婦であるがゆえに、一緒に祀られなければならなかったということが、伊勢神宮や籠《この》神社の形式ではないだろうか？

また、もう一神、古代オリエントには重要な神、雄牛と呼ばれる「エル」がいる。

バール神の父といわれ、雄牛の姿をしている以外、あまり目立った存在ではなく、ほぼバール

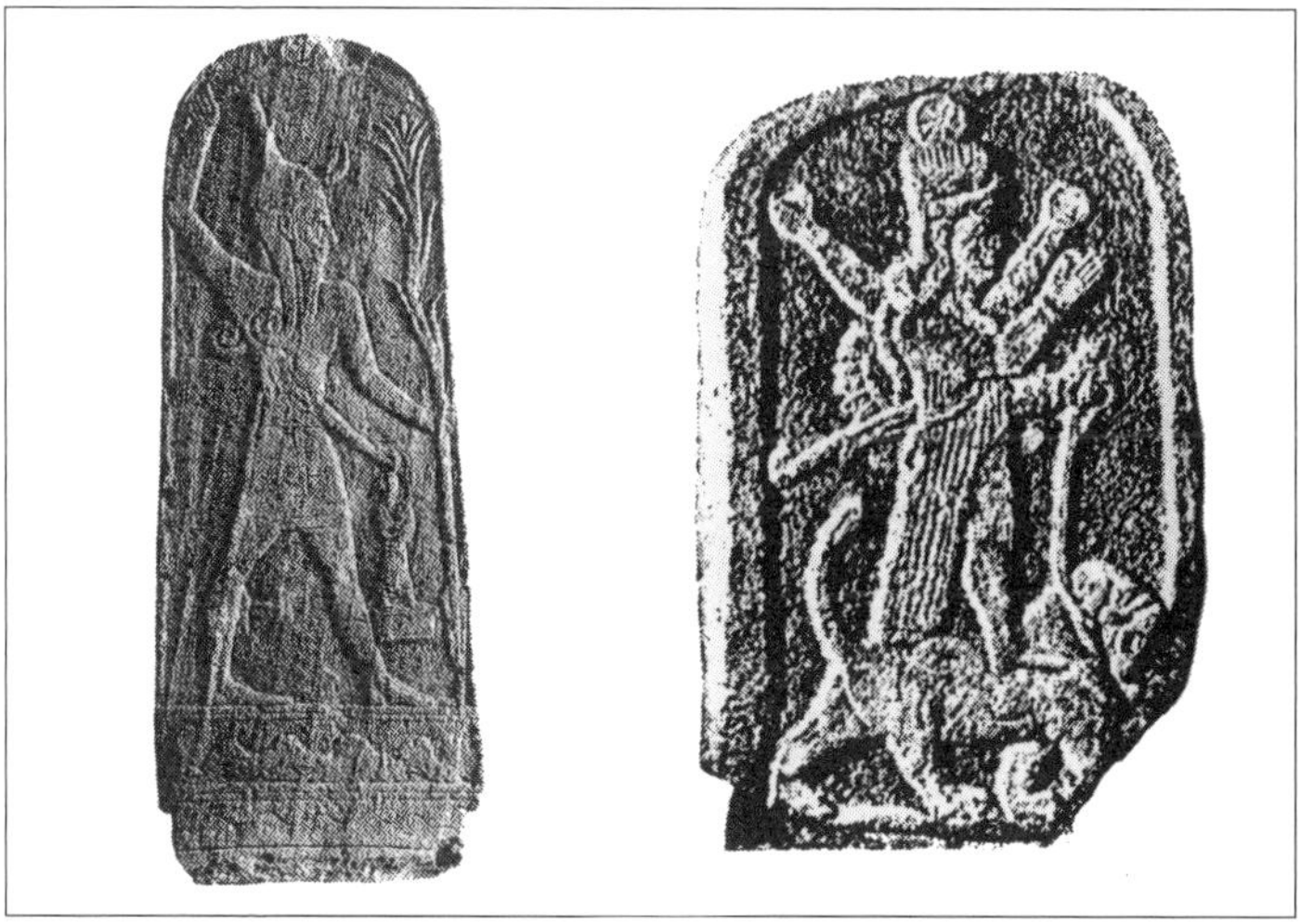

バール神（左）とイシュタル像

神と同一視されていた。

この「エル」こそが、「月読《つくよみ》」に相当する神だといわれているのだ。

なぜ雄牛の「エル」が「月読」になったのかというと、古代オリエントには、三日月を雄牛の角に見立て、神聖視する風習があったことに関連するという。

「月読」も雄牛「エル」がバール神と混合されているのと同様に、日本神話のなかでスサノオノミコトと同一神のように表わされているのである。

◎マレー経由で日本にたどりついていたユダヤ－

ユダヤと日本のつながりが徐々に浮かんできたところで、次に実際に、ユダヤが日本にたどり着いていた可能性について考えてみたい。

モーセに率いられたユダヤ民族は、その後、王国をつくった。ダビデ王とその息子ソロモン王の栄華として有名なユダヤ王国は、当時世界的な貿易国だった隣国、フェニキアと同盟を結ぶことで達成されたものだった。

この時代のユダヤ人は、金属師や技術者たちで組織されたタルシシ船団で世界中の海を航海し、多くの植民地づくりや鉱脈探しに勤しんでいた。

この船団が、少なくともマレー半島までたどり着いていたことは確実で、それは「ソロモン諸島」という地名が残っていることでもわかる。

大国主命

そしてマレー半島には、日本の「因幡《いなば》の白兎」とそっくりな神話が「鹿と鰐《わに》の話」として残っているのだ。

この神話には、出雲《いずも》神話の白兎と同じ役割を演じる鹿が、自らを〝ソロモン王の使いである〟と語っている部分がある。ということは、兎の仕えた大国主命《オオクニヌシノミコト》とは、ソロモン王を指しているのだろう。

マレー半島と日本の神話の類似性を踏まえると、タルシシ船団でやって来たユダヤ人たちが対馬《つしま》海流に乗って、出雲や丹後に到着していたと考えても不思議ではないのである。

◎出雲大社はソロモンの神殿だった

前述のソロモン王は、エルサレムのモリヤ山に大神殿を建て、そこにユダヤ民族の聖なる契約の箱（アーク）を収めた。

ピラミッドにも似た外見のソロモンの神殿は、ジグラット様式で建てられ、高さが約五四メートル（一二〇アンマ）もあったという。

建築中のソロモンの神殿

高層ビルにも匹敵する高さの神殿の正前には、左右に一本ずつ約一五メートル（三五アンマ）の柱があった。二本の柱は右がヤキン、左がボアズと名づけられ、これはユダヤと神との契約が、ヤコブ、モーセと二回なされたことを表わしていた。

また神殿の東南には、司祭が身を清める目的で造られた、十二頭の牛の像で囲まれた鋳物の海（人工池）があった。

荘厳なイメージを思わせるこのソロモンの神殿は、じつは日本にも存在していた。

驚かれるかもしれないが、それは出雲大社のことである。

ただし現在の出雲大社ではなく、『古事記』に記述されている〝造られた当時の出雲大社〟なのだ。

『古事記』によると、当時の出雲大社は高さが九六メートルもあり、ソロモンの神殿と同じくジグラット様式で二本の柱もあった。

すると気になるのが「アーク」の所在である。「アーク」は出雲大社に収められているのか？

この問題はあとで詳しく説明するため、ここではふれないことにする。

◎ユダヤ人は「馬のはんさい」をしていた

さて、ソロモン王の元で繁栄したユダヤの国は、その後バビロニアに滅ぼされ、「アーク」は行方不明となった。

ユダヤ人は、マケドニア、エジプト、シリア、ローマと次々に強国の支配を受けながら民族の混血化が進み、それに伴い宗教や生活習慣も同時に多様化していった。

そうしたなかの一つで、他の宗教の影響によって習慣化されたものに「馬のはんさい」があった。

古代ローマの遺跡からは、ローマ人がユダヤ人の「馬のはんさい」をあざ笑ったとみられる証拠、すなわち〝頭が馬になっているキリストが十字架に磔《はりつけ》にされている絵〟と、〝ユダヤ人は馬の頭の神に仕えている〃という文が見つかっている。

ここで、なぜ聖徳太子の母、穴穂部間人《あなほべのはしひと》の宮殿から「馬のはんさい」の跡が発見されたのか、つかめてくると思う。「馬のはんさい」は、まさしくユダヤ人が行なっていた習慣で、太子の母方の血筋はユダヤだったという確証がここで得られるのである。

◎神との三度目の契約の証だった三本の石柱

キリストとバール信仰と聖徳太子は、強い関係で結ばれていると推察できる事柄がかなり多い。

まず、キリストの生誕日十二月二十五日は、太陽神バールの復活祭にあたり、バールに捧げる聖獣の小屋で出生したことが、キリストがメシアである証《あかし》になった。

十六弁菊

また、キリストの別名はイムマヌエルというが、木村鷹太郎氏によると、これはギリシャ語で「馬小屋」という意味になるそうで、「うまやど」の皇子と呼ばれた聖徳太子と一致する。さらに、太子が出生したとき物部兄丸《もののべのあにまる》の贈った瓢には、ペルシャ語で人の名が記載されていたという。このペルシャ語は、キリストの名を示す「うまやど」と記されてあったと思われる。
聖徳太子の生誕は一月一日である。これは「バールと同じ穀物神が、年の始めに生まれる」という古代ローマの信仰とも一致するし、水上涼氏が指摘するように、ローマのアラフェリ僧院にある「赤子のキリスト像」が、十六弁の菊の花を手にしている点にも注意したい。

十六弁の菊の花とは太陽神バールの紋で、私たちになじみの深い日本の皇室の御紋でもある。キリストは十字架に磔になったのち復活したが、この伝説はそのままバールの復活神話にあたる。そしてキリストが復活したときから、キリストを信じる人々は神と三度目の契約がなされたことを知り、三つの柱を聖所に建てた。

丹後にある三柱《みはしら》神社とは、この三つの柱を指しているのだろう。

三つの柱については、大分県宇佐《うさ》郡にも三柱社という社《やしろ》（社と神社は同意）がある。海部《あまべ》氏や物部氏と縁の深い氏族、宇佐氏ゆかりの地にある三柱社には、実際に三つの石が斜めに立っている。

これもまた、ユダヤと日本のつながりを示す、一つの証拠といえるだろう。

◎バール神の復活祭は大嘗祭である

古代ペルシャには、エルサレムから追放されたユダヤ人たちが数多く住み着いていた。日本に聖徳太子がいたその頃は、少なくとも百万人を超えるユダヤ人が、ペルシャに定住していたとさ

大嘗祭はバール神の復活祭か？

れている。

ユダヤ人たちは、ペルシャにいても相変わらずバール神を信仰していた。バール神は古代ペルシャではミトラ神と呼ばれ、神殿には太陽神と月神の像があり、その中央に青年の姿をしたミトラ神が、善悪を決める秤《はかり》を手にして立っていたという。

ちなみにこの姿は、世の終末に現われるキリストが秤を手にしているのと同じである。

このバール神には先ほどの復活祭がある。じつはバール神の復活祭こそが、天皇即位のときに行なわれる「大嘗祭《おおなめまつり》」であると思われるのだ。

大嘗祭では、天皇に即位する皇子が、悠紀《ゆき》殿・主《す》基《き》殿という仮小屋に祀られている神座で二度食事し、別に設けられた神座で胎児を真似て寝る。

悠紀・主基の小屋にはそれぞれ二つの神座があって、一つの神座は太陽神「天照大神《アマテラスオオミカミ》」であると知られている。すると、知られていないもう一つの神座は、当然「豊受之大神《トヨウケノオオカミ》」という月神だと考えられる。

天皇に即位する皇子は、まるで太陽神と月神の間に立つバール神（ミトラ神）そのものである。しかも、皇子が胎児を擬して寝ている間に天皇霊が宿り、皇子は始めて翌日から天皇となるということは、すなわち、神の現世復活を意味する。

これで天皇家の家紋が、バール神と同じ十六弁の菊の紋だった理由が理解できるように思われるのである。

◎太陽神と月神の結びつきとは？

太陽神バールの復活に際して大きな役割を果たすのが、バール・ハモン（イシュタル）神である。

バール・ハモンは、冬至《とうじ》の日に死んだバールを連れ戻すため冥界に下りて行く。このとき地上では、バール・ハモンがいなくなったため大混乱に陥り、雌《め》牛も女も妊娠しなくなったが、その間バール・ハモンは八つの冥界の門をくぐり抜け、バールを連れ戻して共に地上へと戻ってくるのだ。

天照大神の「天の岩戸隠れ」神話の原型は、このバール・ハモンとバールの復活神話であると考えられる。

また、復活のときバール・ハモンは白い服を着、バールは赤い服を着るが、日本の日の丸と同じ配色であるし、赤い太陽神が内宮では白い月神が外宮にある、伊勢神宮の配置とも取れる。日本（とくに奄美・沖縄地方）にある「オナリ信仰」（妻や女家族が男を守る霊力をもつという考え）は、妻であり母でもある月神の力によって太陽神が復活する、という神話に端を発しているのだろう。

豊受之大神（月神）の別名である稲荷《いなり》は、ふつう「イネナリ」と理解されているが、オナリの訛《なま》りとも考えられるようだ。

これで、天照大神が伊勢に遷るとき、豊受之大神を一緒に伊勢に遷したわけが、判明したようである。

II・聖徳太子の側近・秦氏の謎

◎秦氏はシルクロードを経て渡来したユダヤ人か？

聖徳太子の第一の側近は、秦河勝《はたのかわかつ》という新羅《しらぎ》系の渡来人だった。

秦氏は自らを「秦始皇帝《しんのしこうてい》の子孫の融通王《ゆうづうおう》」と名乗り、応神《おうじん》天皇のとき、新羅にあった秦一族の村ごと日本に移住して来たという。

「融通王」とは、いかにも金融業や流通業という感じがして、その業種に通じたユダヤ人を指すにふさわしい呼び名のように思われる。

新羅から来たということで、一般的に朝鮮系とされているが、当時の新羅は朝鮮半島の三国のなかでただ一つ、自由貿易をしていた国だった。そして、シルクロードがユダヤ商人の独占ルートだったことを考えると、秦氏がシルクロードを介して朝鮮半島までやって来たユダヤ人であったとしても、それほど不思議ではない。

中国の『魏志倭人伝《ぎしわじんでん》』にも秦氏の記述があり、そこでは、風俗・言語・容貌ともに中国人とはまったく異なり、秦人《しんじん》に似ているとある。鹿島昇《かしまのぼる》氏によると、秦とは、中国でのペルシャの呼び名であるという。すると、「秦人＝ペルシャ人に似ている人」とは、当時ペルシャにいたユダヤ人と考えられるのだ。

もう一つ、紀元四四五年に書かれた『東夷伝《とういでん》』には、ユダヤ人が紀元三世紀頃から、ペルシャから中国に来ていたことに関しての記述がある。それには、秦の亡人と書かれていた。

彼らは、自ら秦の亡人といい、苦役を避けて韓国に赴く、馬韓東海の地を割いてこれに与う……秦語に似たるあり。故に、あるいはこれを名づくる秦韓となす。

秦一族は、この民族の移動にともなって朝鮮まで来たのだろう。

また「秦河勝」という姓名からも、ユダヤとの関連がみられる。名の「河勝」は、「瓶に入って、河（川）に流されていたところを拾われた赤子だった」という伝承からつけられたというが、佐伯好郎氏の指摘によると、モーセにも同様なものがあるという。

そもそもモーセという言葉は、ヘブライ語で「すくい上げる」という意味で、その伝承は「赤子のとき葦《あし》の駕籠に入れられ河に流されて、エジプトの王女にすくい上げられた」というものだったという。

「葦の駕籠に入れられ流された」というのは、『古事記』にある海部《あまべ》氏の高祖ニギハヤヒの伝承とも通じる。

聖徳太子にはキリストを思わせる「うまやど」の話があったが、秦河勝はモーセ、というわけだったのである。

そして、この秦氏にはもう一つ推察できることがあった。佐伯氏もいわれるように、秦氏は景《けい》教《きょう》徒（原始キリスト教徒）だったと思われるのである。

◎東洋のユダヤ人は景教を信仰していた

景教とは、古代ローマで弾圧されたのちペルシャを経て、中国に渡ってきた原始キリスト教の呼び名である。

ユダヤ教に非常に近いキリスト教といえるもので、メシアとしてのキリストは信じるが、神の子としてのキリストは絶対に認めないところが違っている。

キリスト教は、西洋ではユダヤ人以外の人々が信仰していたが、東洋のキリスト教＝景教はユダヤ人が信仰していたものなので、景教こそユダヤ人のキリストが興した本来の教えに近いものだったと考えられる。

もともとユダヤ人は、ヘブライ人（放浪する人）とも呼ばれていたように、紀元前から大陸を広範囲にわたって移動していたようで、それは中国の河南省で発見された、紀元二一一年から二〇六年頃のヘブライ語の石碑からも判明している。

このように、多くのユダヤ人たちが中国で暮らし、商人として活躍していたという証拠は数多くある。たとえば、スペイン・アンダルシアのソルマンという旅行者の報告にも、九世紀末ごろに中国を訪れると、大都市にユダヤ人が住んでいたとある。

もちろん、このなかには景教を奉ずる者も数多くいたようで、その証拠に中国には立派なユダヤ教の教会も建設され、そこには日本の神社にあるような、二匹の獅子の像が立っていたそうである。そして、そこにあったトーラ（教示巻物）の一部は、現在、米国のシンシナティーにあるヘブライ大学に保管されているという。

当時は、ユダヤ人の地方長官や政府の高官、裁判官、医者などがいたようで、このようにユダヤ人の市民権が中国において確立されることによって、並行して景教も盛んになっていったことは容易に想像できるのである。

古代中国でユダヤ人が市民権を得るのと同時に、景教も盛んになっていったのだろう。

そして隋《ずい》のあとの唐《とう》の時代では、その都・長安に大秦寺《たいしん》というキリスト教の寺がつくられたりしたのである。

また、現在の中国の西安府からは、景教寺院建立の記念碑「大秦景教流行中国碑」が発見され、この石碑にはシリア語とペルシャ語と漢文で書かれた、創世記からメシアの誕生と昇天までの物語と、唐王朝と景教の関係などが刻まれていた。

その大秦景教の大秦とは、イエスの生まれた国を指す言葉だったのだろう。

◎太秦の三柱鳥居は三位一体を表わしていた

秦氏の研究については、佐伯好郎氏が重大な指摘をしている。まず、中国にあった大秦景教の「大秦」に酷似した「太秦《うずまさ》」という地名を京都の南東部につけて、秦氏はそこを根拠地としていたということがある。

そして秦氏はその地に、広隆《こうりゅう》寺という寺を建てた。

広隆寺では毎年十月十二日に「牛追いの祭り」を行なう。これは鬼の面をつけた白装束の四人衆が、牛の面をつけた摩陀羅《マダラ》神に対して祭文を読みあげるというものだ。

牛面をつけた神はバール神そのもので、摩陀羅

秦氏が建立した太秦の広隆寺

とは、ペルシャで最も神聖な色を表わし、マダラ神は最高神を意味する。

さらに中国でのダビデの呼び名を表わす「大避《おおさけ》」神社があったり、また三本も柱のある不思議な鳥居も存在する。

この「三」というキーワードに関しては『景教漢訳経典』に興味深い記述がある。


三位一体の浄風（精霊）は無言の新教を説き、八境の度（世界の救い）をはかり、汚れを清めて真となし、三常門を開き……。


「三位《さんみ》一体」とは、いわずとしれたキリスト教の「父と子と精霊」のことであるが、これが「三常門」へと対応したと考えられる。

形にして表わすと三つの柱＝三つの門となり、まさに太秦の三柱鳥居そのものだが、これは三つの柱の信仰形態が、ユダヤと丹後と秦氏を結んでいる証拠に思えてならない。

◎ユダヤ人でつながれていた古代ペルシャと日本

聖徳太子のいた時代は、ペルシャと日本を結ぶ直接ルートがあったという説がある。

その根拠は、推古《すいこ》天皇二十年のとき「百済《くだら》から全身白斑の人が、招き寄せないのにやって来た」という記録によるものである。

百済からやって来たその人は、腕のよい建築家であったらしく、朝廷は彼に命じて須弥山《しゅみせん》と呉橋を造らせた。人々は彼を路子工と呼んだのだが、この名はペルシャ語の「計算に明るい人」という意味であるため、おそらくペルシャ人だったのだろう。

朝廷が招き寄せないのに来日したということは、通常ペルシャ人は、招いて来てもらっていたと考えられる。そうでないと、通訳の準備などが間に合わないからだろう。

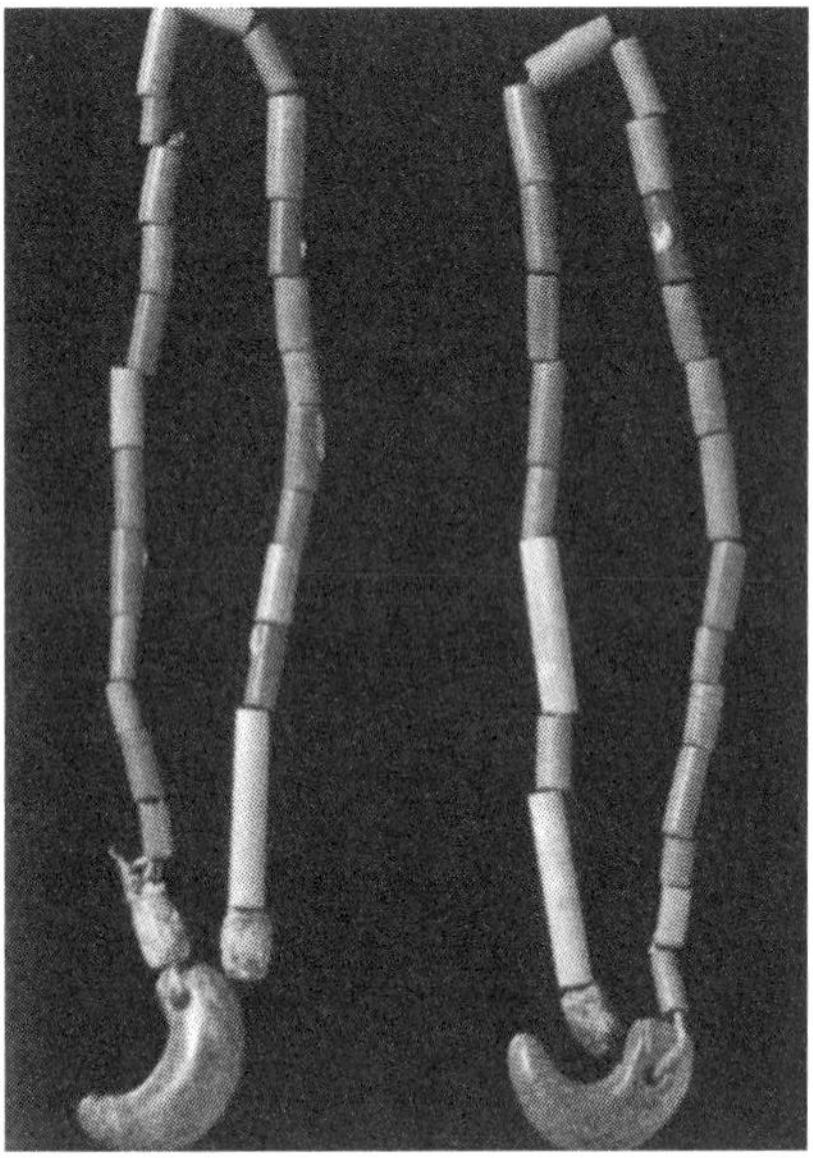
首飾りとしてつかわれた管玉

ちなみに、太子の時代の仏師として登場する「司馬達等《しばたつとう》」の名は、ペルシャ名のダルーダであり、その子「多須奈《たすな》」は彫刻家を意味するタシューナグだという説がある。

ペルシャ〜日本ルートのもう一つの確固とした証明に、弥生《やよい》時代の遺物がある。

古代の豪族たちが身につけていた「首飾りの管玉《くだたま》」という硝子《ガラス》細工のことで、これは鉛硝子と石灰硝子とに大まかに分けられ、以前は、鉛硝子は中国製、石灰硝子はペルシャ製と考えられていた。

ところが、近年、鉛硝子の遺物がギリシャのロードス島やバビロニアで見つかり、硝子細工はペルシャ方面で一元的に発明されたのではないかとする説が有力になってきた。

すると弥生遺跡から出土した硝子玉は、大陸や海上を経由してペルシャから伝来したと考えられ、ペルシャの文化や人（ユダヤ人）は、古くから日本と交流していたということも示唆される。

ペルシャに混在していたペルシャ人、バビロニア人、ユダヤ人のなかで、支配階級のペルシャ人などが、遥か彼方の後進国である日本になど行く理由がない。そこで、ペルシャから来た人たちのすべてではないとしても、奴隷の身分だった当時のユダヤ人が、その割合の大半を占めていたと考えてもよいのではないだろうか？

◎「日いづる国」とは丹後の秦王国だった

紀元六〇〇年頃に書かれた『隋書《ずいしょ》』には、ユダヤ人たちが日本で国を創っていたという記述がある。

それには、丹後や出雲の地域一帯に秦王国があったと記され、その文明の高さはまるで外国のようだったという。

また、その後の唐の歴史書『旧唐書倭国伝《きゅうとうしょわこくでん》』には、その後の日本の情勢が次のように記されている。

日本国は倭国の別種なり。その国日辺にあるをもって、ゆえに日本を以て名とする。
あるいはいう、倭国自らその名の雅《みや》びならざるを憎み、改めて日本となす。
あるいはいう、日本は旧小国倭国の地を合わせたりと。

要するに、日本には「日本と倭国」という二つの国が存在していたが、これが合併して日本になったということである。そして、ここに登場する日本国が『隋書』の秦王国で、そこは丹後であったことは間違いないだろう。

日本国＝丹後の証拠とみることができる海部氏の言い伝えでは、丹波や丹後の「タン」は、古来「タム」と発音され、太陽を意味していたという。

また、古代バビロニアでは、太陽を「タイ」と呼んでいたし、太陽神バールの別名は「タンムズ」である。

そして、この二書の記述によって明らかになることは、「日いづる処《ところ》の天子」と自らを称した聖徳太子は、ユダヤの皇子＝秦王国の皇子だったということである。

第三章

聖徳太子は
メシアだった

I・法隆寺の謎と弥勒信仰の正体

◎法隆寺の秘仏・救世《ぐぜ》観音の謎

聖徳太子の死後、追悼《ついとう》のために建てられた法隆寺《ほうりゅうじ》は、最も有名な太子の寺である。

『聖徳太子の正体』の著者、小林恵子氏によると、その法隆寺にあった三本の白檀《びゃくだん》の香木のうち、二本にはソグド語とペルシャ文字のパフラヴィー語が刻まれ、現在の東京国立博物館に所蔵されているという。

そして法隆寺の東院にある夢殿《ゆめどの》は、太子の住んだ斑鳩宮《いかるがのみや》の跡だったといわれ、そこには太子をモデルにして造られたといわれる「救世観音像《ぐぜかんのん》」が安置されている。

太子の等身大に模したとされるこの観音像は、一メートル七八センチもあり、『先代旧事本記《せんだいくじほんぎ》』の「七尺二寸の長身」と記された姿を彷彿《ほうふつ》させる。

以前は厨子《ずし》の中に納められていたこの観音像には、「厨子を開けると地震が起こり、寺が崩壊する」という恐ろしい言い伝えがあった。

太子ゆかりの寺で最も有名な法隆寺全景

このため、長い年月のあいだ秘仏となっていたが、明治十七年、アメリカの美術研究家だったフェノロサの手によって封印を解かれたのである。

この観音像の姿を目にしたときの感想を、フェノロサはのちにこう述べている。

……全体の像に著《いちじる》しき長身と尊厳とを添《そ》ふ。胸部は凹《くぼ》み、下腹は少し突き出し、宝珠《ほうじゅ》を握るがごとき手の活動状態は、すこぶる活気にとみたる様式をもって形成せらる。

その鼻は高くして漢美術のそれのごとく、眉は直にして高明なり、その唇は厚く、ほとんど黒人種のそれに似たる。内に静にして得て言ふべからざる霊妙の笑みをふくめり。あたかもモナ・リザの如し。

フェノロサの語った太子の姿を想像すると、長身でスラリとした体格、鼻は高く、眉は真っ直ぐで品があり、唇は厚い、まさにユダヤ人の人という感じだろう。

ちなみにフェノロサは、海部《あまべ》氏の高祖ニギハヤヒが最初に拠点をつくったといわれる斑鳩《いかるが》の地で暮らしていた。

◎太子は法隆寺夢殿で神のお告げを受けていた

太子が夢殿で何をしていたかについては、小林恵子氏の研究を引用したい。それによると、『聖徳太子伝暦』には、太子はひと月に三度、沐浴《もくよく》して寝室のあった夢殿に籠《こも》り、経文を書いたり、雑事を語ったりしていたとされている。

そして、先にもふれた『未然本記《みぜんほんぎ》』という予言の書をしたためたのだろう。

そもそも夢とは、古代オリエントの人々が、神の声として最も重要視していたものだった。とくにユダヤ人は夢を読む能力に長《た》けていて、あらゆる伝説と歴史のなかで〝夢解きの名人〟としてユダヤの英雄たちが描かれている。

また、小林氏の研究では、太子の夢殿には「床蓐《じゆく》」というベッドのようなものが安置されているというが、じつは同じような形式に、古代バビロニアのバール・ハモンを祀る神殿がある。

さらに、バベルの塔の最上階にも、同様の月神を祀る神所があって、そこには月神に仕える巫《み》女《こ》たちが控え、偶像は置かれてなく、ただやたらと大きなベッドがしつらえてあったという。

このベッドとは〝神と人との交流の場〟であり、巫女や王が神事のときにそこで寝て、夢のお告げを受けるために使用されたのであろう。

また、太子の建てた建造物の特徴には、東西軸が二十度傾いていることが知られているが、これはオリエント建築の方位の感覚にとても近いものである。ジグラット様式では、太陽の昇る方向を聖とする観念から、東南東を重要視した。

この夢殿で神の声を求めた聖徳太子は、いったいどのような夢を見ていたのだろうか？

◎呪詛をかけられていた救世観音像

聖徳太子は、推古《すいこ》三十年、二月二十二日に謎の死をとげた。

旧暦の二月二十二日を現在の暦に直すと四月十一日になり、この日はキリストの復活祭であって、古くはユダヤの新年の祭りの日にもあたる。

この太子の死には、なにか陰謀が漂っているようだ。

まず、太子の死の前年に母の間人《はしひと》が亡くなり、太子自身は后《きさき》とともに亡くなった。

正史では、太子は病死と取り扱われているが、先の『先代旧事本記』によると突然死となっている。

そして太子の死後、彼の一族は蘇我《そが》氏により滅亡へと追い込まれる。

聖徳太子には、キリストと同じく復活伝説があった。

「うまやど皇子様は、かつて主がそうであったように、きっと蘇《よみがえ》ってこられる」と、巷《ちまた》では囁《ささや》かれていた。

太子の復活を何よりも恐れていた大和朝廷《やまと》は、太子が二度とこの世に蘇らないように、呪詛《じゅそ》寺として建てたのが法隆寺だった。

太子が終末の世に蘇り、善人と悪人とをふるいにかけて裁きを下すという話は、大和朝廷を震えあがらせるのに十分だったのである。

太子が蘇って来たなら、自分たちを決して許さないだろう。そうならないためには、太子の魂を像の中に封じ込めてしまわなければならない。

そうして造られたのが、救世観音像《ぐぜかんのん》だったのである。

観音像の後頭部は釘で光背《こうはい》を打ちつけられ、その上に長い布でぐるぐる巻きにされて、厨子《ずし》の中に放り込まれたのだ。

世を救ってくれる観音というにしては、あまりに酷《ひど》い仕打ちではないだろうか？

救世観音とは、太子一族を陰謀の末に滅ぼした朝廷にとっての、裁きの観音であったのだろう。

こうして「うまやどの皇子」は、死後「聖徳太子」と諡《おくりな》されたのである。

「徳」の字は、非業《ひごう》の死を遂げた皇族の怨念《おんねん》を慰める目的としてつけられることが多く、「聖」の字は、神に由来する人物につけられるという指摘があることも付記しておく。

◎弥勒信仰と生命の木のつながりとは？

太子と縁の深い仏像に「弥勒菩薩像《みろくぼさつ》」がある。

弥勒菩薩像は他の仏像に比べて、なんとも人間的な表情をしている。物憂《ものう》げに何かを思索するように首を傾け、視線はやや下に落とし、自分の心の奥底を見つめているようにも思えるし、遠い未来、あるいは懐かしい過去に思いを馳せているようでもある。

太子と縁の深い弥勒菩薩像

肢体《したい》は少年のように中性的で優美さを漂わせ、他の仏像のように少しも超然としておらず、むしろ純粋と高貴さゆえに、戸惑いと深い思索のうちに存在している。

おぼろげな姿のなかには、恐ろしく孤独で高貴な魂が秘められているようで、見るものの心になにかを訴えてくる。

この弥勒菩薩の弥勒信仰とは、朝鮮半島の

新羅《しらぎ》にあった「花郎《ファラン》」という青年貴族集団によって結実したものであるという。この「花郎」と弥勒信仰の結びつきについては、『半跏像の道』の著者、田村圓澄氏が詳しく述べている。

朝鮮半島の三国のうち、始めは後進国だった新羅は、真興王の時代から国家の発展がめざましく、七世紀末には他の二国を滅ぼして朝鮮半島の統一をはたした。このときに重要な戦力となったのが「花郎集団」であったらしい。

ただし、「花郎」という組織には謎が多い。

「花郎」の旗印だったモチーフは、弥勒菩薩がその下で説法をするといわれている「龍華樹《りゅうげじゅ》」であるが、これは『旧約聖書』に示される「生命の木」と同じものと考えられるという。

この「生命の木」は、その時代や地域によって、ふさわしいと考えられる実在の木が当てはめられていたようだ。

たとえば、日本や中国では「桂《かつら》の木」に生命の木の象徴があったことがうかがえる。

桂の木は、葉が心臓のような形になっていて、春に先立って紅色の花が開き、腐敗しにくい性質のため、その由縁となったようである。

古代ユダヤ魔術の奥義《おうぎ》「カバラ」では、〝生命の木は月に生えている〟とされているが、桂の木も別名「月の桂」といって、月に生える丈の高い木といわれている。そして、その樹液は不死の霊薬であり、神々の食料とされたのである。

日本においても、桂の木についた朝露は「月の若水」と呼ばれ、やはり不老不死の妙薬とされている。

また、古代ペルシャのミトラ（バール）信仰では、〝イチジクの木＝生命の木〟として表わされたという。

ミトラがインドを経て中国・朝鮮に伝えられて弥勒菩薩となり、龍華樹の下で説法をすることによって、生命の木の力を有するメシアであると表現されたのだろう。

◎ペルシャと日本の交流はユダヤ人によって行なわれていた

いかにもペルシャふうの意匠を施した「四騎獅子狩文錦」（法隆寺蔵）

法隆寺の夢殿《ゆめどの》には、先の「生命の木」のモチーフが存在する。

それは「四騎獅子狩文錦」と呼ばれる織物で、伝来によると太子が摂政《せっしょう》だったときに織られたものだそうだ。

そこに彩られる文様は、ペルシャふうの〝生命の木〟を中心に、有翼馬に乗った四人の騎士が振り向きざまに獅子を弓で射る姿が表わされている。

この四人の騎士は、ペルシャふうの衣装を身につけているが、これは明らかにペルシャから日本への、人と文化の直接ルートが開かれていたことを物語っている。

ペルシャと日本の直接交流を示す証拠には、他にも正倉院《しょうそういん》や法隆寺に数多く存在する。「切子《きりこ》白瑠璃碗《しろるりわん》」と呼ばれるカットグラスや、東地中海産のローマングラス、「佐波理水瓶《さはりすいびょう》」と呼ばれる水差などがそれである。

このようなローマングラスは、新羅と日本にのみ出土し、しかも五世紀から六世紀のものに限られている点は重要である。

これはすなわち、聖徳太子の生きていた時代は、ペルシャやローマから直接、新羅と日本に対して、大陸を通さずに文化がもたらされていたということになるのだ。

こうしてみると、バール神を前身とする弥勒菩薩への信仰が、日本と新羅だけに熱狂的に巻き起こったという現象は、ユダヤ民族を介したものだったとすれば、ひじょうに納得がいく。

『古事記』『日本書紀』や『先代旧事本記』では、海部《あまべ》や物部《もののべ》の祖となったニギハヤヒ（火明《ホアカリノ》命《ミコト》）は〝死者を蘇らせる術を操った〟とされている。

この神は「十種《とくさ》の神宝」と「三十二神」を従えて降臨したのだが、「カバラ」においても「生命の木」＝「セフィロトの木」として、その不死のメカニズムは「十の球」と「三十二の経」で表わされている。

すると、ニギハヤヒ降臨の物語とは、「生命の木」の力を携えて日本に渡来したユダヤ勢力を、象徴的に表わしたものだったのではないだろうか？

朝鮮半島の統一というような偉業を成し遂げた「花郎」という宗教的団体が突如出現したのも、秦《はた》氏などのユダヤ系商人の後ろ楯があったからだと考えても不思議ではないのである。

◎弥勒菩薩はバール神だった

中宮寺の半跏像

推古《すいこ》三十年に聖徳太子が亡くなると、新羅《しらぎ》の王から太子の追悼《ついとう》のためにと、仏像一体と金塔・舎利《しゃり》などが日本に送られてきた。

仏像は太秦《うずまさ》の広隆寺《こうりゅうじ》に安置され、金塔・舎利は四《し》天王寺《てんのうじ》に納められた。

送られてきた仏像とは「宝冠弥勒像」だったのだが、これは太子が、弥勒信仰の盛んな新羅において〝弥勒の生まれ変わり〟と考えられていたことを物語っている。

また、太子が推古元年に建立《こんりゅう》した、四天王寺・金堂の本尊も「弥勒半跏像《みろくはんかぞう》」である。

弥勒半跏像が日本に初めて送られて来たのは、太子と蘇我馬子《そがのうまこ》によって建てられた元興寺《がんごうじ》だったことをみると、太子自身が弥勒の信奉者であったことも察せられる。

そしてそれがいつの間にか、太子＝弥勒として見られるようになっていったのだろう。広隆寺、中宮寺、四天王寺といった、太子と縁の深い寺の本尊は、昔はすべて弥勒半跏像であったという。

この三箇寺に加えて法隆寺、法起寺《ほっきじ》、橘寺《たちばなでら》、葛城寺《かつらぎでら》の計七箇寺が太子建立の寺とされており、すべての寺には弥勒半跏像が安置されていたのだ。

しかし実際は、法隆寺を除いた他の寺は太子追悼のための寺だったため、弥勒半跏像とは、まさに亡き太子を偲《しの》んだ像だったようだ。

弥勒半跏像は、新羅からの渡来人の秦《はた》氏や難波吉氏によって日本にもたらされ、聖徳太子信仰と結合したのである。

だが、不思議なことに、弥勒半跏像は正体のわからない仏である。

ときには「悉達《しった》太子」といわれ、またあるときは「如意輪観音《にょいりんかんのん》」とされてきたこの仏の正しい名は、まだ判明していない。

一つの仏像がいくつもの名をもち、いまだに確定されていない例は他にはないのである。ただ、その姿のルーツは、紀元三世紀前後にあった「ガンダーラ」にたどることができるという。

ガンダーラは、藤製の台座に腰をかけて半跏に足を組み、頭にターバンを巻きサンダルを履いて、立派な髭《ひげ》を蓄えている姿をしている。

それが五、六世紀頃の中国に入ると、弥勒菩薩に変容していったのだろう。中国でいわれている弥勒菩薩は、もともと釈迦《しゃか》の弟子であった。

弥勒菩薩は、釈迦の予言どおり一度死んで天上界に生まれ変わり、弥勒の浄土で説法を続けている。そこへ人間界より上生してくる人々は、さまざまな快楽を享受することができるという。

そして、釈迦の死後五十六億七千万年が過ぎると、弥勒菩薩は人間界に生まれ変わるのである。

ガンダーラ像

こうした弥勒菩薩の逸話を、当時の時代背景と合わせて考えた場合、弥勒菩薩こそが景教徒《けいきょう》にとってのキリスト像だったのではないだろうか、と考えられる。

キリストやモーセがバール神と同一視されていたように、弥勒菩薩のインドでの呼び名はサンスクリット語で「マイトレーヤ」といって、慈を意味する「ミトラ（ペルシャでのバール神の別名）」

から生まれた「慈しみの人」という意味だったそうである。

さらに古代中国の景教寺院には、なんらかの経像が存在したことは『大秦景教流行中国碑』の記述によって明らかになっている。そしてその景教が、かなり仏教の様式を取り入れていたことも判明している。

すると、彼ら景教徒が拝む経像として一番ふさわしいのは、バール神と同一の弥勒菩薩ではなかっただろうか？

〝末法の世に出現して人々を救う〟という弥勒菩薩の話は、「ヨハネの黙示録」に記された〝世の終末のキリストの再来〟の話に酷似している点においても、無理なく符合するのである。

◎カバラによっても証明される「弥勒菩薩＝メシア」

もう一つ、弥勒菩薩の正体については別の視点からも捉えられる。じつは、五十六億七千万年後に下生するといわれる弥勒菩薩の物語には、カバラの数理哲学が隠されていたのである。

カバラにおいて神の完成数（＝神）は「7」で表わされ、その完成一歩手前の数「6」は人間の精神を表わし、その一つ前の「5」は人間の肉体を表わすのだが、この「6」を中心にして、カバラで使用するヌメロジー盤を作成すると、弥勒の正体が浮かび上がってくるのである。

ちなみにヌメロジー盤とは、中心となる数を中央に配置し、縦横三列の桝目に数を組み入れて

5	1	3
4	6	8
9	2	7

6を中心にしたヌメロジー盤

対角線と中央の横一列がともに、足した数が同じになるように構成された数字盤のことで、これには、一種の霊的力が存在すると信じられ、ソロモン王の時代に発達した「タリズマン（特殊な文様を描いたお守り）」として活用されていた。

　そうしたヌメロジー盤を「6」を中心にしてつくると、一つの対角線に弥勒菩薩のミ・ロ・ク（3・6・9）が現われ、もう一つの対角線には五十六億七千万年の5・6・7が現われる。さらに、このヌメロジー盤の対角線と中央の横一列を足して同じになる数は「18」なのであるが、弥勒菩薩の身長も十八尺といわれているのだ。

すなわち、これらが意味するものは、弥勒菩薩とは神の完成前に現われるメシア（救世主）、ということになるのである。

◎太子の別名「豊聡耳皇子」の由来とは？

聖徳太子には、「うまやどの皇子」のほかに「豊《とよ》聡耳《とみみの》皇子《おうじ》」といったメシアを感じさせる別名がある。

太子の逸話には、〝一度に何人もの話を聞けた〟というものがあるが、この話は『先代旧事本記』によると、〝太子は当時日本にあった七つの主要言語をすべて話せた〟とされている。

「豊聡耳」とは、バイリンガルという意味にもとれるが、ここでもう一つの解釈を提示したい。景教経典のなかでは、聖霊のことを「蘆詞寧倶沙」といって、これは「霊・聞く者」というペルシャ語とヘブル語の混合語であるという。

ようするに、聖霊とは〝呼び出されるもの〟で、人の願いや祈りを聞く者だということである。そして「聞く者」であるかぎり、よく聞こえる「耳」をもっていなければならないだろう。

こうした理由が、「豊聡耳皇子」という諡《おくりな》の由来だったのではないだろうか？

何人もの言葉や、何ヵ国語という意味に合わせて、聖霊（神）の言葉を聞くことのできる耳をもっていたメシアが、聖徳太子だったのである。

◎秦氏が日本に持ち込んだ弥勒信仰

崇峻《すしゅん》天皇二年、太子は蘇我馬子《そがのうまこ》と元興寺《がんごうじ》を建立した。

以前、ここに納められていた弥勒菩薩には、次のような不思議な由来が伝わっていた。

東インドにあった生天子国の長元王が、海の彼方からやって来た童子に弥勒菩薩を造らせたが、その童子が造った弥勒菩薩の眉間には光る玉があり、これをほしがった新羅の王は秘かに新羅に持ち帰った。この新羅にあった弥勒像を、元明《げんめい》天皇の外戚の僧が日本に持ち込み、寺に納めた、というものである。

元興寺の弥勒菩薩像には、この由来のほかにも、その異様な姿についての話がある。大江親通《おおえちかみち》の記述には「中門には二天像（おそらく日天・月天のこと）ならびに夜叉《やしゃ》像あり、真に不思議な姿をしていた」というくだりがある。

仏像にしてはあまりに奇妙なこの弥勒菩薩像とは、バール神などのペルシャふうのエキゾチックな景教的な像だったのではないだろうか？

この弥勒菩薩像をほしがったのは新羅の王だったが、新羅はそもそも秦《はた》氏のいた国であるし、前述のように、その後「花郎《ファラン》」という結社が弥勒信仰を行なっていた事実もある。

そして秦氏は、日本でユダヤの神を祀る稲荷《いなり》神社を精力的に建立し、太子の建てた寺々の大きなスポンサー的存在だったことをふまえると、秦氏は一族の商人としての特性を生かして、日本に住んでからも新羅の交流に一役かっていたのかもしれない。

そして、もしかしたら秦氏が中国に報告したメシア（聖徳太子）誕生の一報が、逆に「花郎」という結社を誕生させたきっかけだったのかもしれないのである。

Ⅱ・蘇我・物部の宗教戦争で果たした太子の役割

◎蘇我一族はなぜ渡来人と結びついたのか？

蘇我《そが》と物部《もののべ》という二大勢力が激しく衝突したことはご存じと思う。

では、蘇我氏、物部氏といわれる一族の正体はなんだったのか？

物部氏は、代々、大和《やまと》の国魂《くにたま》として火明命《ホアカリノミコト》を祀り、天皇にその魂を秘儀をつかって付着させることを役目としていた。つまり、天皇即位に際して采配を振るう一族だったのである。

いっぽうの蘇我氏は、加藤謙吉氏の研究によると、建内足尼《たけのうちのすくね》の長男、蘇我石川足尼《いしかわのすくね》を始祖とする一族だが、系図を見ると蘇我稲目《いなめ》より前の系図は単純で、稲目からは川辺《かわべ》、高向《たかむこ》、小治田《おわりだ》、桜井《さくらい》、岸田《きしだ》、田口《たぐち》、久米《くめ》、御炊《みかしぎ》、境部《さかいべ》などが、六世紀から七世紀初頭にかけて分かれて独立したとされている。

つまり蘇我氏とは、突然、稲目の時代から突出してきた新興勢力だったようなのだ。

弱小豪族だった蘇我氏が勢力を得た裏には、渡来勢力のあと押しがあった感があり、それは、稲目の父が高麗《こま》、その父は韓子《からこ》とあって、いずれも朝鮮系を匂わせる名が家系図に記されていることからもわかる。

さらに直系継承の蘇我一族は、当時の日本の豪族の感覚では、傍系継承が一般的だったところをみると、直系継承の裏には儒教的なものと渡来人の血が多分に感じられる。

蘇我と結びついた渡来人勢力とは、朝鮮半島の日本府任那《みまな》の庇護国だった、百済《くだら》勢力や高麗《こうらい》勢力だったのだろう。

蘇我氏は、有力な渡来人勢力と婚姻関係などで結びついて急進し、渡来系技術者を掌握することで時の覇者となり、中央政権への進出を画策するが、天皇家と結びつきの強い国家神道《しんとう》を担う物部一族、三輪《みわ》一族にはどうしてもかなわなかった。

そこで蘇我のとった手段は、仏教を日本に導入して国家宗教として認めさせ、その祭司権を握ることで、物部・三輪に対抗しようとするものだったようだ。

しかし、渡来人勢力の日本掌握が完全に終結したとき、無用になった蘇我の棟梁、蝦夷《えみし》・入鹿《いるか》は大化の改新で暗殺されたのである。

◎欽明天皇が蘇我稲目に肩入れした真相とは？

蘇我は、百済では王家にも並ぶ名家だった。

当時、日本と百済には国交があり、大和朝廷の朝鮮半島の領地任那は、百済の協力によって保持されていた。

大和朝廷の財力と軍事力の拡大には、この任那の日本府の功績が大きかった。だが、蘇我稲目の時代の大和朝廷は、大きく揺れていたのである。

継体《けいたい》天皇の死後、正妻・手白香《たしらか》の子である欽明《きんめい》が即位はしたが、欽明の異母兄である勾大兄王と桧隈《ひのくま》高田王が異議を申し立て、大王と名乗っていた。

欽明が二人に比べて若年だったこともあり、豪族たちのなかにも、この異議に従う風潮があったようだ。

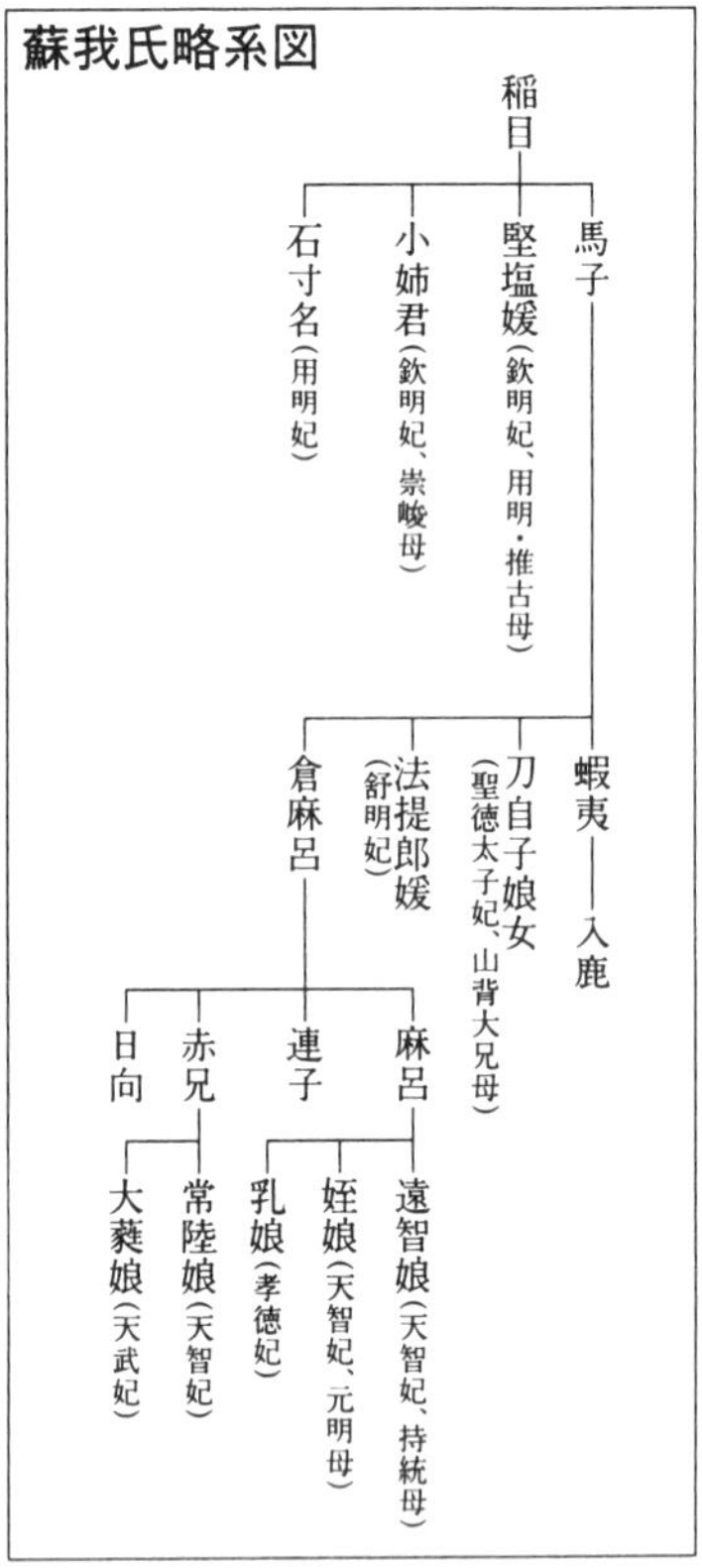

そうしたなかで、欽明は蘇我馬子の父、稲目に泣きついてこう言ったはずだ。

「百済が、私の味方になれば豪族たちも、私を天皇と認めるだろう。稲目よ、兄たちは頭が固い。いくらお前が、百済では名の知らぬ者のない名家とはいえ、しょせん、我が国の八百万《やおよろず》の神とは無縁の者。それ相応にしか扱わぬだろう。しかし、私は違う。もし私に力を貸してくれるなら、蘇我一族にふさわしい地位と名誉を約束する」

そして稲目は欽明と固く約束を契《ちぎ》り、娘の堅塩姫を差し出した。

稲目の力がどのように発揮されたかは定かではないが、欽明に対立する二王朝は、いずれも二年、四年という短期で没している。

ところが、天皇としての地位が固まると、欽明の態度が不確かなものになってきた。

こともあろうに欽明は、丹後朝廷の海部《あまべ》の姫巫女《ひめみこ》を妃として迎えたのである。

このとき欽明天皇が、姫巫女である小姉君を妃として迎えた理由は、父、継体天皇から引き継いだ事情があった。

継体天皇は越前の三国の出身で名をオオド王と称し、応神《おうじん》天皇の五世孫にあたり、母は垂仁《すいにん》天皇の七世孫振姫という。

皇后は女手白香皇女で、応神・仁徳《にんとく》王朝の本家から、分家の継体天皇の妃となっていた。

継体天皇は、『日本書紀』では五〇七年に即位したことになっている。即位させたのは、時の権力者大伴《おおとも》氏であったが、注目すべき点は、継体天皇が大王になるまでの間、海部氏の一族である凡海連の女目子姫《めごひめ》を妃にたてているところである。

継体は、大和朝廷に迎えられる以前は、日本海沿岸で近隣諸国を支配する王だったに違いない。目子姫が、海部氏出身の姫であることは正史において秘匿され、『日本書紀』では忍海部王女という市辺押羽皇子の女ということになっている。

この目子姫が継体天皇との間に生んだ子供が、勾大兄王（宣化《せんか》天皇）と桧隈高田王（安閑《あんかん》天皇）である。

継体天皇の地位は、大和朝廷側で正妻とされる手白香皇女にではなく、古天皇家の氏族である海部の女目子姫によって支えられていたのが真実ではないだろうか。

継体が目子姫の婿でなければ、応神天皇五世孫といった得体の知れない人物が、天皇に推挙されることは起こりえなかっただろう。

ゆえに、大和の豪族のなかには、正妻の子欽明よりも、目子姫と継体天皇の間に生まれた皇子たちを尊重する向きがあったに違いない。

欽明が父の継体天皇と同じように、海部の女である小姉君を妃としなければならなかった必然性が、ここに見出せるのである。

渡来勢力と強く縁故を結ぶことによって、弱小豪族から大豪族へと、稲目の時代に発展した蘇我一族にとって、大和朝廷の〝昔がえり〟は歓迎せざるものだった。

これで、稲目が欽明に肩入れした動機が明確になるのである。

◎馬子が行なった諡《おくりな》の真相

欽明《きんめい》と稲目《いなめ》が大和朝廷を掌握していくとともに、オオド王を天皇にした大伴《おおとも》氏は中央政権から疎外されていき、代わって古《いにしえ》の天皇家の氏族である物部《もののべ》、三輪《みわ》と蘇我《そが》との三局体制が大和朝廷に出現した。

額田部《ぬかたべ》が皇后に即位するやいなや、馬子は豊御食《とよみけ》炊屋《のかしきや》比売《ひめ》という諡《おくりな》をした。

この名には、料理上手な女性という意味と、御食には〝神に捧げる供物《くもつ》〟の意味があることから、「神に供物を捧げる姫」という意味が添えられる。

神に供物を捧げるのは巫女《みこ》でなければならない。その証拠に、小姉君の血をひく間人《はしひと》は生まれながら巫女と讃えられていたのである。

つまり馬子が諡をしたわけは、皇后となった額田部が間人に見劣りしないように、という理由があったのだろう。

しかし馬子には、もう一つの悩みがあったはずだ。

額田部が皇后となり、その子、竹田皇子が大王となる可能性が開かれたとはいえ、豪族たちがありがたがる小姉君の血を引く皇子たちは存在する。この皇子たちがいる限り、蘇我の血を引く皇子が大王となるのは困難である。

こうして馬子の陰謀は着々と押し進められ、穴穂部皇子《あなほべのおうじ》、崇峻《すしゅん》天皇を懐柔《かいじゅう》したのち、最後の仕上げとして物部との決戦に挑んだのである。

◎蘇我―物部の戦いには太子の呪詛がかけられていた

蘇我の寺を襲う物部（『聖徳太子絵伝』）

日本古来からの神道《しんとう》の大元締めであった物部氏と、仏教の擁護者だった蘇我氏との決戦は、伝説上の聖徳太子が最も神秘的な英雄として語られる場面である。

それは『先代旧事本記』にこう記されている。

秋七月。物部守屋《もののべのもりや》は陣営を築き、兵を集めて穴穂部皇子の仇を討つために決起した。このとき、推古は初瀬部皇子《はっせべのおうじ》と蘇我馬子を呼び、守屋討伐を命じる。

初瀬部皇子とは、穴穂部皇子の弟で太子の叔父だが、蘇我馬子に加担していた。

そして聖徳太子は、物部守屋の決起の原因となった馬子の穴穂部皇子殺害に関して否定的だったようで、太子自身の微妙な立場の苦悩が滲《にじ》むような場面が『先代旧事本記』に描かれている。

太子は穴穂部殺害の一報を聞き、側近にこう漏らした。

穴穂部は私の叔父だが、無法を続け、三輪《みわ》の君を私怨で殺したことはよくない。しかし、蘇我の大臣《おおおみ》も因果応報というものを知らない。きっとあとで大臣にも因果が巡って滅ぼされるだろう。

太子のこの言葉は、注意深くみてみると「言挙《ことあ》げ」だったことに気がつく。つまり太子は馬子に対して、秘かに呪詛《じゅそ》をかけたのである。

現代の私たちの感覚では知るよしもないが、古代の日本人は言葉に対して特別な畏怖をもっていたようだ。言挙げ（願いや恐れを口に出して言う）をすると、それはそのまま現実に力を及ぼし、呪詛となり得ると信じられていたのである。

◎守屋の時代は終わったが馬子の好きにさせては……

こうして蘇我・物部の戦いは始まり、蘇我馬子は大義の旗を味方にするため、皇子たちを蘇我

四天王に勝利を誓う太子（『聖徳太子絵巻』四天王寺蔵）

軍に参戦させる。叔父の仇を討とうとした母の同族である物部との戦いに、父方の叔父から駆り出された太子の気持ちには、計り知れないものがある。

太子は、この戦いの無意味さを見通していたはずである。いつまでも守屋のようなことを言っていては、やがて押し寄せてくる外圧と渡来人のなかで自分たちの民族は孤立し、過去と同じ歴史を辿《たど》ってしまうと思っていただろう。

昔ながらの神道（ユダヤ教）に固執する物部は、いち早く景教を取り入れた丹後朝廷に反感を抱き、丹後朝廷討伐を行なった。

同族同士の亀裂は、ユダヤ民族の未来に暗雲を投げかけていた。もとはといえば、それが渡来勢力を優位に立たせた原因でもあった。

守屋の時代は終わった。しかし馬子の好きにさせてはいけない。

この戦いのとき、太子は次のような行動をとった。

物部に押され気味の蘇我軍の士気を煽るため、ヌルデの木に四天王の像を刻み（梅原猛著『海人と天皇』）、頭に結わえつけ、言い放った。

「いま、我をして敵に勝たしめれば、かならずや護国四天王のために精舎《しょうじゃ》を建立《こんりゅう》し奉《たてまつ》る。蘇我の大臣の願を起こすもまた、かくのごとし」

そのとき、太子の願いを天が聞き入れたかのように雷鳴が響き、霊妙なる力をもつと噂される若き皇子の姿が、目も眩むような光のなかに浮かび上がったのである。

寒さに震えながら、敗戦の予感に暗く沈みがちだった蘇我軍は、太子のこのカリスマ的なパフォーマンスに沸き立った。

雷鳴のなかで瞳を赤く光らせ、馬子を見つめる太子は、鬼神の様相を呈し、馬子は全身に畏怖とも恐怖ともつかない鳥肌が立つのを感じた。

そして、驚きの一報がもたらされた。物部側にいた登美赤イが裏切り、守屋を射殺したのである。

まさにタイミングよく、守屋を殺した登美赤イという人物は、太子と裏で繋《つな》がっていた形跡がある。

登美一族は、太子の同母弟・久米皇子《くめのおうじ》の子孫と『姓氏録《しょうじろく》（左京皇別）』に記録され、聖徳太子と血縁があった形跡が残っているのだ。

さらに赤イは、守屋を討った功績に対する褒美《ほうび》を賜ったうえに、のちに太子の舎人《とねり》になってもいる。

こうした人物を、自分の傍らに置いたことの物部の不可思議さも、物部と太子が同族であったことでの油断とみられる。

こうして戦いは蘇我の勝利に終わり、太子は英雄となることで朝廷での微妙な立場を守り、その後、四天王寺が玉造《たまつくり》岸上に建てられたのである。

◎太子の魂は修験道に引き継がれた

四天王寺とは、じつは太子の信ずる神を祀る寺だったように思われ、理想家肌の夢見がちな治世を行なったと評されることの多い、聖徳太子の人物像は、この一見からでも覆される。

民族と宗教の入り乱れた動乱の時代に、崖っぷちの立場にいながら政治を操り、日本の基盤をつくる力量をもつ治世者が、過去何人存在しただろう。

高潔でいながら智謀に富み、純粋でいながら人心の掌握に長《た》け、鉄のような意志と篤い信仰心に支えられた、奇しき力をもった聖徳太子の伝説の数々は、太子の希有の人柄が、当時の多くの人々を感銘させ、魅了した名残と思われる。
蘇我・物部の決戦のとき太子はわずか十四歳で、これはまさに弥勒《みろく》の出現といえるものだろう。太子は、四天王寺建立より一年後の推古二年、現在の八尾市太子堂町に大聖勝軍寺を建立したのだが、別名太子堂と呼ばれるこの寺には物部守屋の墓があり、守屋の像の後ろに太子像が並んで立っている。

この不思議な事実も、この像が建てられた当時は、太子と物部が並んでいても自然な関係だと考えられていたからに違いなく、おそらく本来は、太子が守屋への追悼のために建てた寺であったということだろう。

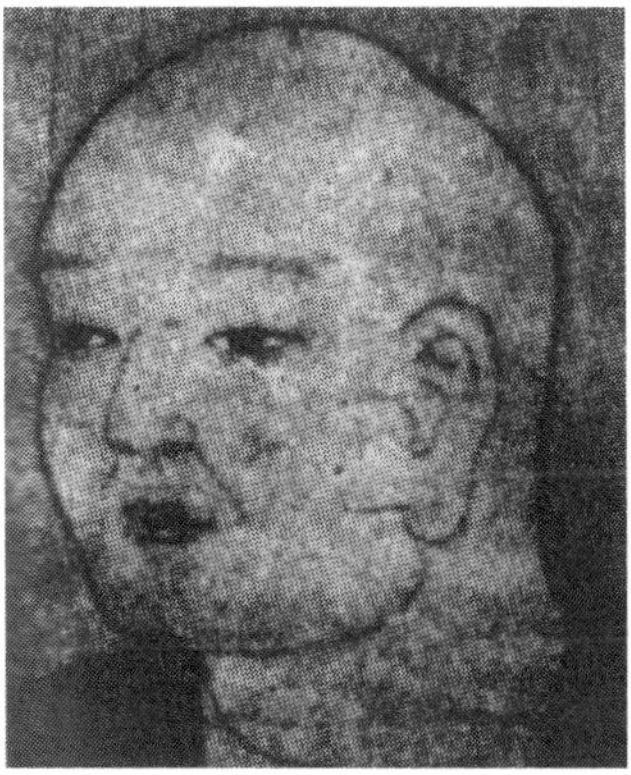
空海にも受け継がれた太子の魂

国家的大事業として建てられた四天王寺建立に際しても、二百七十三名もの守屋の子孫類従が四天王寺建立に従事していることをみれば、太子によって戦いの犠牲となった一族の冥福を祈る目的としての一面があるように思える。

また、その他にも亡くなった一族への、太子の追悼の念がいかに強かったかを伺わせる資料として、昭和六十年に始めて調査された藤の木古墳がある。

この古墳は、太子の暗殺された二人の叔父、崇峻《すしゅん》天皇と

修験道のメッカ羽黒山にある出羽三山神社

穴穂部《あなほべ》皇子が被葬者であるという説が有力だが、太子の建てた法隆寺にある釈迦三尊像《しゃかさんぞん》によると「この陵に祀られている人物は、不幸な最期を遂げた兄弟であるから、安らかに眠るよう鎮魂せよ」と記されているという。

太子の魂は、のちに大和朝廷に征服され、鬼と呼ばれた人々とともに生きた役小角《えんのおづぬ》や空海といった、歴代の修験者《しゅげんじゃ》や山岳宗教者に継承され、それを示すものに、羽黒《はぐろ》修験道の開祖といわれる蜂子《はちこ》皇子もまた太子と深い繋がりがあり、彼は太子の母の弟、崇峻天皇の子といわれている。

皇室系図には記されていないために、実在の人物かどうかを確かめる術はないのだが、伝承では太子の勧めで山に入ったという。しかし、もし蜂子皇子が実在の人物であるならば、太子によって逃がされたというほうが正しのではないだろうか。

蜂子の姿は醜い異形の姿で描かれていて、被り物を取って角でも生えていれば、まるで〝鬼〟そのものである。これもやはりユダヤの血の現われのようで、当時の混血でエキゾチックな容姿の人々は、それを受けとめる側の心や時代によって、神に見えたり鬼に見えたりしたのだろう。

羽黒修験道の本山は、羽黒山（ヤタガラス＝太陽）・月山《がっさん》・湯殿山《ゆどのさん》（禊《みそ》ぎの山の意）の三山なのだが、筆者には、山そのものが巨大な三柱信仰のシンボルとなっているように思えるのである。

第四章

ユダヤの三種の神器と四天王寺の謎

I・ユダヤの三種の神器は日本のどこかに眠っている

◎失われた〝ユダヤの三種の神器〟とは?

「ユダヤの三種の神器」というものがある。

その三種とは、「十戒の石版を入れたアーク（契約の箱）」と「マナを入れた壺」「アロンの芽を出した杖」のことで、ユダヤ人たちの信仰と団結の対象であった。

ところが、紀元前九七五年、時の王の偶像崇拝に反旗を翻した預言者エリアによって「アーク」は開かれ、「マナの壺」と「アロンの杖」はどこかに消えてしまった。そして後世に、ダビデ王が「アーク」を開けたときには石版しかなく、その石版もまた消えてしまったのである。

しかし、この三種の神器は、じつは日本にあるかもしれないとしたら、読者諸氏は驚かれるだろうか?

あまりに突飛な話だと思われるかもしれないので、まずは有名な「アーク」の説明から入っていこう。

映画でもおなじみのように、「アーク」といえばユダヤである。そのユダヤの民は、もともと誓いの箱という物を神聖な神の社《やしろ》としていたようだが、モーセの時代に神が箱を規定して以来、それは「契約の箱」と呼ばれるようになった。

そして、その規定とは次のようなものだった。


アカシア材（杉の木に似た固い木材）で箱を作りなさい。

寸法は縦二・五アンマ（約一メートル一二センチ）、横一・五アンマ（約六七センチ）、高さ一・五アンマ（約六七センチ）で純金で覆い、金の飾り縁を作る。

四つの金環を鋳造し、それを箱の四隅の足に、すなわち箱の両側に二つずつ付ける。

箱を担ぐために、アカシア材で棒を作り、それを金で覆い、箱の両側に付けた環に通す。

棒はその環に通したまま抜かずにおいて、この箱に私が与える掟《おきて》の板を納める。

次に贖《あがな》いの座を純金で作りなさい。寸法は縦二・五アンマ、横一・五アンマ。

打ち出し作りで、一対のケルビムを作り、贖いの座の両端、すなわち一つを一方の端に、もう一つを他の端に付ける。

一対のケルビムは贖いの座に向けて向かい合い、翼を広げてそれを覆う。

この贖いの座を箱の上に乗せて蓋《ふた》とする。私はケルビムの間から貴方に臨み、私がイスラエルの人々に命じることをことごとく貴方に語る。

こうした形の「アーク」を、ユダヤの民たちは担いで歩いたのだが、そのようすは、まるで日本の神輿《みこし》にそっくりだったのである。

◎アークには不老不死の力があった

『旧約聖書』に「ウザの話」というものがある。ここにも「アーク」の記述があるので、まずそれを見ていただきたい。

ダビデの兵士はバアレ・ユダから契約の箱を運び出した。神の箱を新しい車に乗せ、丘の上のアビナダブの家から運び出した。

一行がナコンの麦打ち場にさしかかったとき牛がよろめいたので、ウザは契約の箱に手を伸ばし、箱を押さえた。

ウザに対して神は怒りを発し、この過失ゆえに神はその場でウザを打たれた。

ウザは神の箱のかたわらで死んだ。

エデンの園のアダムとイブ（アルブレヒト・デューラーの銅版画）

というものだが、三種の神器に係わる箱に触れたり、開けたりすると大変な目にあうのは日本でもユダヤでも同じである。

もう一つ『旧約聖書』の記述で、「アーク」には日本の玉手箱（第一章参照）のように不老不死の力があったという部分が存在する。

それはエデンの園の章に記されていて、こういう話である。

エデンの園にはケルビムの番する生命の木が生えていた。この木は一本の木が二股に別れ、一つが知恵の実を、一つが命の実を付けていて神の力の象徴だった。

イブが蛇に唆《そそのか》されて食べたのは知恵の実であったが、人間は命の実を食べ損ねたので、神のように永遠の命を保つことができない。

神にあって人にない力の象徴が、永遠の命だというわけである。

その命の木の番人、ケルビムをあしらった契約の箱には、神の永遠の命の力が納められていた。すなわち、契約の箱は不老不死の力を秘めた箱だったのである。

◎籠神社の御神体「マナの壺」はユダヤの神器か？

次は「マナの壺」である。「マナ」とは、いったいどんなものかというと、神がモーセたちに与えた〝ウエハースのようなパン〟のことで、これは実在し、砂漠地帯に生息するスピルリナという植物を指している。

ここでお気づきと思うが、第二章で説明した籠《この》神社の御神体の「マナの壺」とは、まさにこの神器そのものである。

そこでまず、『旧約聖書』に出てくる「マナ」に関する記述をみてみよう。


夕方になると、うずらが飛んできて野営を覆い、朝には宿営のまわりに露がおりた。このおりた露が蒸発すると、見よ、荒れ野の地表を覆って薄くて壊れやすいものが、大地の雫のように薄く残っていた。

イスラエルの人々はそれを見て、これはいったい何だろうと口々に言い合った。

彼らは、それがなんであるか知らなかったからである。

モーセは彼らに言った。

「これこそ、神があなたたちに与えたパンである」

イスラエルの家では、それをマナと名づけた。

それはコエンドロの種に似て白く、蜜の入ったウエハースのようであった。

モーセは言った。

「主が命じられたことは、次のことである。そのなかから正味一オメルを量り、代々にわたって蓄えよ。私があなたたちをエジプトから導き出したとき、荒れ野で食べさせたパンを、彼らが見ることができるように、である」

モーセは弟のアロンに命じ、壺の中にマナを入れさせ、掟《おきて》の箱の前に置いた。

ユダヤ人たちは、このマナを食べて飢えをしのぎ、神はマナを入れた壺を代々に伝えよと啓示したのである。

その代々に伝わって秘匿してきたのが、丹後の籠《この》神社だったのかもしれない。

◎ユダヤの神器「アロンの杖」は玉造稲荷にあったのか？

三番目は「アロンの芽を出した杖」である。

『旧約聖書』のなかで、神が祭司を選ぶとき、ユダヤの部族の長《おさ》たちの杖を契約の箱の前に置いていかせると、一本の杖から芽が出ていて、神は芽の出た杖を持つ者こそ、祭司の資格のある者だと言った。

これが「アロンの杖」である。ゆえにユダヤ民族は、聖書のなかで木の枝にたとえられ、キリストはエッサイの芽と表現されるのである。

そして日本では、玉造稲荷《たまつくりいなり》の伝承に「アロンの杖」とおぼしき話が登場する。

玉造稲荷神社の祭神、豊受之大神《トヨウケノオオカミ》の神殿（現・玉造稲荷）は、物部が直接、祭事を司る重要な神殿だったと思われる。そして聖徳太子は、この玉造稲荷に秘かに祈願をかけていたようである。

玉造稲荷の伝承によると、蘇我《そが》と物部《もののべ》の決戦の際に、太子は玉造稲荷に詣でて、「もし、この決戦に勝つならば、この枝に芽を生じさせたまえ」と言って、栗の木の枝を折って差し込むと、枝に芽が出たというのである。

これは、太子がユダヤの皇子だからこそ行なえた、特別な意味をもつ願掛けだったのである。

そのときの太子の心中は、次のようなものだったのだろう。

「神よ、私は祭司である物部守屋《もりや》を討たねばなりません。そうなれば、私が代わって祭司となり神に仕えます。私にその資格がありますでしょうか？　どうか神の意志をお示しください」

そして神の意志は下り、枝に芽が出たのである。

すると「アロンの杖」は、玉造稲荷にあったということなのだろうか？　残念ながらいまだに真偽は不明なのである。

◎日本の三種の神器の謎

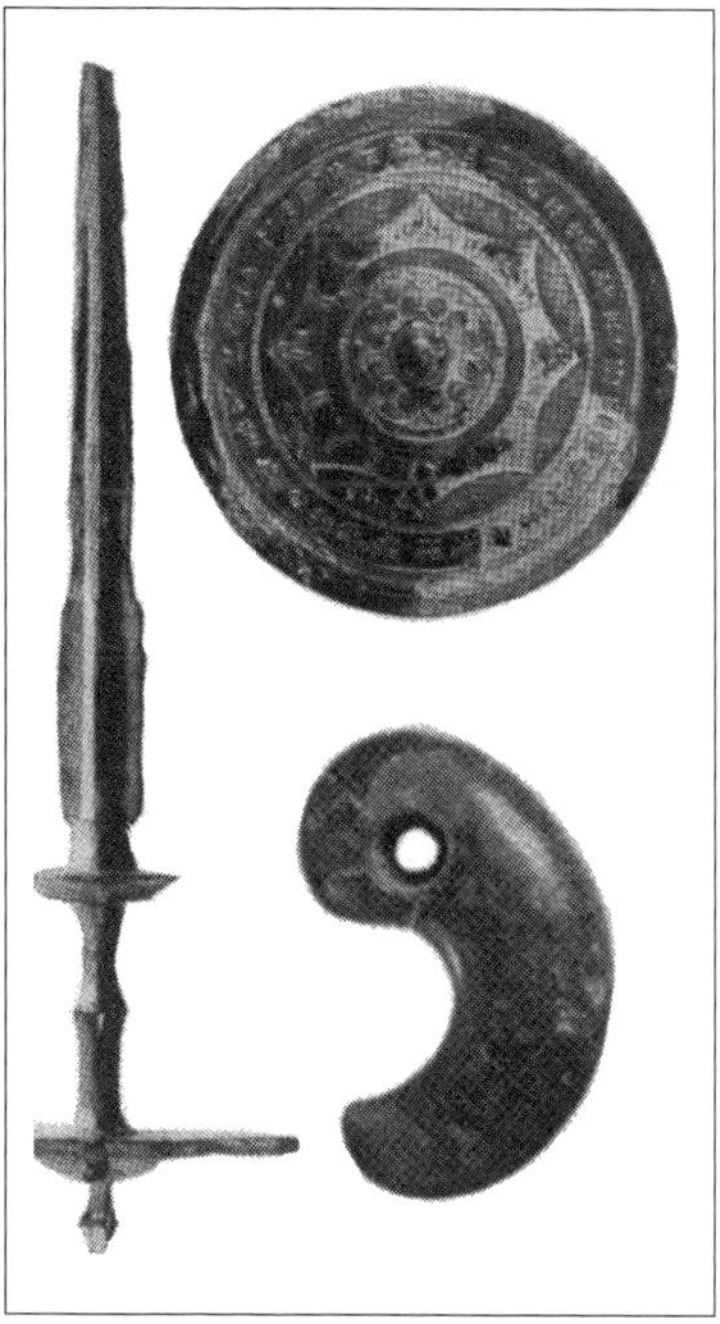

「三種の神器」を象徴する鏡と剣と勾玉

ここまでは、なぜか不思議なことに「ユダヤの三種の神器」が日本に存在した、ということで話を進めてきた。そして、なぜ聖徳太子と「ユダヤの三種の神器」が関係するのかということを太子の母の家系、つまり日本のユダヤ王朝があった丹後の分析や、太子の側近の秦氏がユダヤ人だったことなどから、そのつながりの必然性を示してきた。

しかし三種の神器といえば、そもそも日本古来の神宝として、長らく私たち日本人にとってなじみの深いものだった。それは、天孫降臨に際してこの日本の地上にもたらされたと神話にあるように、「八咫鏡《やたのかがみ》」「八尺瓊勾玉《やさかにのまがたま》」「草薙剣《くさなぎのつるぎ》」という最高の秘宝で、代々の天皇がこの神器の継承によって即位が認められてきた、というほどのものである。

現在、勾玉をのぞいて宮中に存在する二種の神器は、じつは形代《かたしろ》（一種のレプリカ）ともいわれているのだが、実際に「八咫鏡」は伊勢神宮に、「草薙剣」は熱田《あつた》神宮に祀られていて、それは天皇さえも決して直接見ることはできない。

なぜ、別々に祀られているのかというと、元々三種の神器というものは、天皇家だけというわけではなく、古代の王権のシンボルとして、日本にいた各々の部族が祀っていたものだからで、それを統一したことで呪術的配慮が必要になり、分散して配置しているのである。

そしてここからが、古来何百年と続いてきた三種の神器にまつわる怨念とタブーにふれる話となる。つまり、長らく閉ざされてきた三種の神器のタブーを、今回、広く一般に知らしめることで〝その封印を解く〟結果となるやもしれないのである。

◎「八咫鏡」の正体は「マナの壺」だった

日本の三種の神器は、『古事記』『日本書紀』に基づいた歴史教育によって認知されてきたものだったが、じつはここに大きな誤解があった。

たとえば「ハツクニシラススメラミコト」として名高い神武《じんむ》天皇は、天子の印として「矢」と「歩」を東征の際に示しているが、それ以降、天皇家の御印として登場するのは三種の神器ではなく、馬につける「鞍」や「矢」である。

そして、初めて「鏡」と「勾玉」を含めた三種の神器を所有したのが継体《けいたい》天皇だった。近江出身（海部族の土地）で、かつ海部の女を妻としていた継体天皇だけがこの三種の神器を持っていたということは、元来、三種の神器とは海部族の所有するものだったのではないだろうか？

継体天皇がもたらした「鏡」とは、もともと「神瓶《かんがめ》」を指した言葉で、瓶や壺の類であったといわれているが、すると、ここでいま一度思い出されるのが、ユダヤの三種の神器の二種、先に消えた「マナの壺」と「アロンの杖」である。

「鏡」の実体が「壺」だったとすると、まさしく籠《この》神社が秘匿していた御神体の「マナの壺」こそ、日本の三種の神器でもあり、ユダヤの三種の神器でもあったということになる。籠神社の関係者の証言によると、壺は金製で表面に文字のような傷が刻まれていて、その傷は日継《ひつぎ》の儀式の際に、次代の当主が壺表面の金を少し削ぎ落とし、水に混ぜて飲むことによって刻まれたと言い伝えられているのだが、これは「鏡」に刻まれているヘブライ文字と同じ意味があったように思えてならない。

◎アロンの杖＝草薙剣、十戒の石版＝八尺瓊勾玉？

もう一つの「アロンの杖」は、どうも「剣」と同一の物のようである。

そもそも「アロンの杖」とは金属でできた短い杖で、ピラミッドの壁画にあるように古代エジプトの神官が手に持っている、十字型で一端が丸くなっている形状（アンク十字架）をしていて、まさしくこれは古代日本の「剣」の形そのものだったのである。

そして最後に、肝心の「勾玉」の正体なのだが、昔から神宝というと「玉」という概念があったようで、丹後の浦島神社にも、楕円形をした曇り水晶の玉が神宝として一般に公開されている。

こういった玉は、おそらく古代海洋民族が航海のときに使用した道具の一種だったようで、もちろんユダヤ人も海洋民族の特性をもっていたため、このような「玉」を所持していたに違いない。

「モーセの十戒」が刻まれた二枚の石版についても、ユダヤの歴史研究家によれば、従来考えられていたような石の板ではなく、エメラルドの原石をくり抜いたものではなかったかといわれている。

そして籠《この》神社にも、現存していないが、こういった神宝の「玉」の話がある。

モーセと十戒の石版（ドレの銅版画より）

それは潮満、潮干の玉といわれていて、これこそ十戒の石版であったように思えてならない。なぜなら、十戒の石版を入れた「契約の箱（アーク）」に関しても、「船」という意味をもち合わせていたことが、日本の三種の神器を入れる箱を「御船代」と呼んでいたことと見事に対応しているからである。

つまり、「勾玉」イコール「十戒の石版」は疑いようのない事実で、籠神社には玉と壺の二つの神宝が存在していたのである。

◎「マニ宝寿」を受け継いできた島津家――

ユダヤの三種の神器が、たしかに日本にある（あった？）という話の証拠に、比較的新しい資料が存在する。

それは鹿児島の大名家・島津家に関する話である。

そもそも島津家は、明治天皇が南朝の御落胤《らくいん》を密かに匿っていた先ともいわれ、明治維新の際には、かなりの暗躍があったようである。そのせいか、維新以降に華族となった島津家は、天皇家との外戚関係を濃くもつようになった。

島津初代の忠久《ただひさ》は、源頼朝《みなもとのよりとも》と比企判官能員《ひきはんがんよしかず》の妹、丹後の局《つぼね》のあいだに生まれた庶長子だったという説と、藤原北朝の名族・近衛《このえ》家の出身であったという説とがあるが、古くからの名家だということはたしかである。

島津は、一一八五年、薩摩《さつま》・大隅《おおすみ》・日向《ひゅうが》の三国にまたがる近衛家の荘園・島津荘の下司《げし》職となり、のちに三国の守護兼忽地頭となった。

ちなみに、昭和天皇の第五皇女貴子妃が嫁いだ島津家は、鹿児島の島津家の分流で、日向・佐土原二万七千石の伯爵家である。

さらには、島津家の親戚の集まりに「錦江会《きんこう》」というものがあり、赤坂迎賓館で定期的に開かれているが、このメンバーは幕末最後の藩主、第二十九代島津忠義《ただよし》の子孫の集まりで、昭和天皇皇后両陛下も御出席された。

さて、島津家の説明はここまでとして、問題の資料について説明しよう。

その資料とは、神宝「マニ宝珠」に関する証文である。

証文には、ユダヤと日本の三種の神器が、聖徳太子から数代を経て島津家に渡り、それを代々受け継いできたと記述されている。

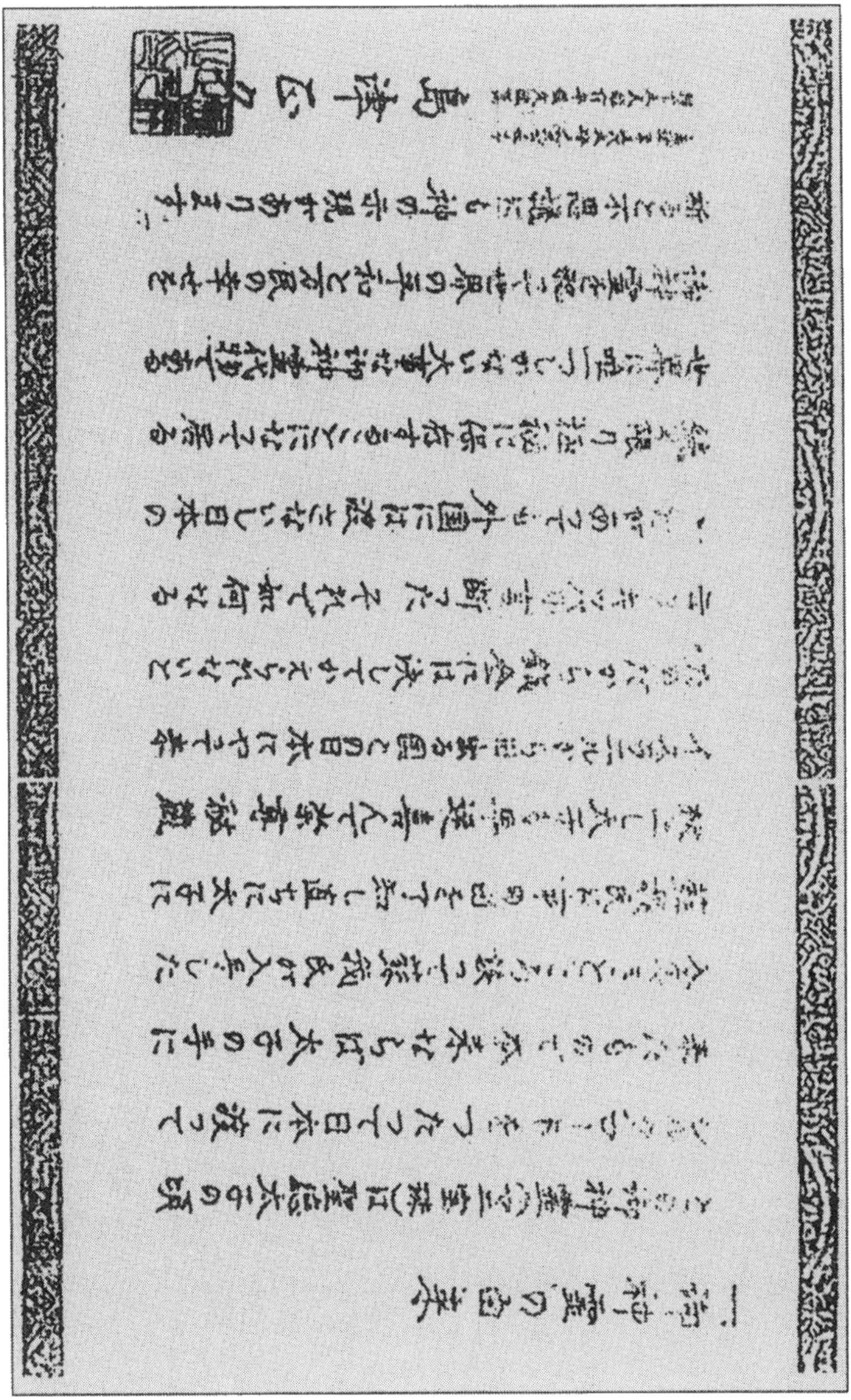

「マニ宝珠」の由来書（部分）

これが真実だとすると、島津家が南朝側の天皇家を保護し、大政奉還《たいせいほうかん》によって明治天皇を擁立したという噂は、がぜん信憑性が増してくるのである。

また島津の出自《しゅつじ》が、聖徳太子の舎人《とねり》であった鎌足《かまたり》の子孫、藤原家であることを考え合わせると、「丹後―聖徳太子―天皇家―三種の神器」というラインのなかに存在する一族であることはたしかである。

そして証文のなかで、「マニ宝珠」はイスラエルから伝わったもので、それをアメリカのロックフェラー財団が、一億五千万ドルで買いつけに来ていたと記述するにいたっては、〝三種の神器と聖徳太子とユダヤの関係〟を否定することはできないだろう。

◎第二次世界大戦には三種の神器をめぐる暗躍があった

戦前の新興宗教の有名なものに、大本教《おおもと》というものがある。昨今も、その関連書籍が数多く出回っているので、ご存じの方も多いと思う。

大本教には旧日本陸軍の幹部が大勢入信していたり、また逆に大本教の幹部が陸軍の秘密部隊となっていた事実もあるという。

この理由は、大本教が握る三種の神器の秘密を、旧日本陸軍が探り出そうとしたためであるらしい。つまり三種の神器が手に入れば、思想的な世界制覇も夢ではないからだ。

大本教が主神とする国常立神《クニトコタチノカミ》とは、籠《この》神社の豊受之《トヨウケノ》大神《オオカミ》の別名であり、大本の目指したのは豊受之大神の復活であったことはたしかであろう。

大本と籠神社のつながりが、どこまで実際にあったのかは謎であるが、大本の聖師といわれた出口《でぐち》王仁《おに》三郎《さぶろう》は、陸軍と密接な関係をもっているように見せかけながら、じつは陸軍を煙に巻いていたようである。

大本の三種の神器に関する秘儀は、王仁三郎がさまざまなパフォーマンスを行なって陸軍の目をそらしている間に、辻天水《つじてんすい》という人物に託されていた。

出口王仁三郎

その後の大本教が受けたすさまじい弾圧は、三種の神器を出さない大本に対する政府の締めつけだった、というのが真相のようである。

第二次世界大戦中、日本の同盟国だったドイツのアドルフ・ヒトラーも、「アーク」探しに躍起になっていたといわれるが、目的を同じくすることで日本とドイツの同盟が成立していたのではないだろうか？

それどころか、日本を第二次世界大戦に追い込んだのは、「アーク」を手に入れるためのアメリカの策略だったのかもしれない。

さきにふれたように、戦前からロックフェラーは「アーク」を手に入れようとして、何度も日本側に働きかけた事実があるが、それでも日本が聞き容れなかったのは、国としてではなく、「アーク」を守護する一族の信念と拒絶があったからである。

それで、日本全土を支配下に置くしかないと判断したのか、敗戦後に日本にやって来たマッカーサーは、フリーメーソンの最高幹部だった。

ある人物から聞いた話によると、マッカーサーは昭和天皇と会談したとき、天皇家が三種の神器を所持していないと聞いて、天皇家を脅迫したという。

天皇家もまた、三種の神器を探していたのかもしれないということは、ユダヤの三種の神器は、いまも日本のどこかに存在するのかもしれないのである。

Ⅱ・『先代旧事本記』が秘匿された四天王寺の謎

◎四天王寺と玉造稲荷の共通性

現在の四天王寺は、ＪＲ四天王寺駅から谷町筋を北に歩いて十五分ほどのところに建っているのだが、そもそも四天王寺は、最初の地、玉造岸上に建立されてからわずか六年のちに、現在の場所に移されたという奇妙な経過をたどっている。

毎月二十一日の「お太子さん」の日には数多くの参拝者が訪れるため、太子信仰は現在も根強く残っているようである。

四天王寺が物部の奉じていた玉造稲荷であったという事実は、四天王寺縁起帳にあるように、建てられた地名の「アラハカ」の意味からも推察することができる。

さらに、もともと玉造岸上に建てられた寺ということは、前述したように聖徳太子が蘇我、物部の戦いの際に詣でたことと関連する。

アロンの杖を手にもった太子は、詣でた際にこう言ったのである。

「願いが叶うなら、四天王を祀る精舎《しょうじゃ》を建てん。蘇我の大臣の願をおこすもかくの如くなり！」

この一言によって、太子は蘇我馬子に四天王寺建立の有無を言わせぬ布石を打ったようだが、このとき太子が刻んだのが四天王だったかは疑問である。

四天王寺《してんのうじ》の四天王像は、『日本書紀』によると大化四年に阿部大臣《あべのおおおみ》によって納められたということで、それまでは四天王像はなかったらしい。

しかし、四天王を祀る精舎《しょうじゃ》に四天王像がなかったり、日本最初の寺が玉造稲荷《たまつくりいなり》の場所に建てられたというのは、いささか奇妙な話である。

さらに、太子が推古《すいこ》天皇の元年に建立したという四天王寺は、現在のものと違う可能性が高い。考古学上の調査によると、瓦の出土状況や地層との関係から、推古末年までに、塔・金堂・中門・南大門が完成され、奈良時代前期には回廊と講堂が建造されたとみられている。

つまり、推古元年から百年近くもかかって、現在の四天王寺になったのである。

そう考えると、聖徳太子が四天王寺を建立した当時は、現在のような伽藍《がらん》はまったくなかったと考えてもおかしくはない。

では、四天王寺が聖徳太子によって建てられた当初は、どのような姿をしていたのだろうか？

四天王寺と、その前身と思われる玉造稲荷との共通のキーワードを見つけていけば、建立当時の姿を思い描くことができるかもしれない。

推古元年から百年近くかかって現在の姿になった四天王寺

なぜなら、玉造稲荷も四天王寺も、ともに時代の流れのなかで変転してきただろうが、どのように変わろうとも、その根源的なものだけは、何らかの痕跡が残るものだからである。

そして根っこにあるものは、両者ともに共通していることだろう。

◎玉造稲荷の言い伝えの謎

玉造稲荷の創建は、比売社《ひめのやしろ》といわれるものから始まった。伝えとしては垂仁《すいにん》天皇の時代であり、伊勢神宮の創建の八年前であるとしている。

祭神の豊受之大神《トヨウケノオオカミ》に関しては、次のような言い伝えが残っている。

垂仁天皇の御世、摂津《せっつ》の国。難波《なにわ》の京のひがしに向かいて、一人の翁《おきな》。稲をにない休みたまいしが、たちまち一つの星となり、卯（東）の彼方にあらせたまう。

このこと、帝。叡聞《えいぶん》ありて。御すかたを。文字にのべ、いなり大明神と。勅筆《ちょくひつ》をくだしたまうると也。

その後、応神天皇の御時、中天竺《なかてんじゆく》より、一の白狐飛きたれり。

背中に三寸の玉あり。見る人、奇異の思いをなしけるところにこの玉より童子三体あらわれたまいて、我は此神の身体なり。卯月初の卯に神慮をすずしめ祭事あるべし。

万民国土。安全に。守るべしとて、神殿に入りたまう。


応神天皇の時代には仏教は導入されていなかったから、白狐が天竺から来たというのは、仏教に結びつけたのちの伝承だろう。豊受之大神は丹後から来たはずである。

もう一つは、卯という言葉が多くあるが、これは、東（日の出る方向）を聖視する思想がはっきりと表われているようだ。

また、卯は兎であるので月とも関連し、宇佐《うさ》氏が月神信仰を行ない、月の満ち欠けで暦を読み、占いをしたことから、自らを月の中にいる兎にたとえて名乗ったことにより、月と卯の関係は明白であろう。

それと、この神の本体が三人の童子であることと、国を守る守護神であるという点が重要である。つまり、「月神と日の出、そして三人の神、国土を守る神」がポイントなのだ。

これを念頭において、次からは玉造稲荷と四天王寺を考察していく。

◎四天王寺は生駒の神の化身だった

現在の玉造稲荷

最初のキーワードは生駒《いこま》と稲荷《いなり》である。

玉造《たまつくり》稲荷の川をはさんで、生駒を望む境内《けいだい》の端には舞台が築かれ、ここから河内《かわち》平野と生駒を見下ろすことができた。

物部《もののべ》にとっては、自分たちの領地を管轄するには最高の場所であったと同時に、領地からははるか高台にある豊受之大神が望めたということである。

そして、生駒は物部の先祖（ニギハヤヒ）が最初に国見をしたとされる霊山である。

生駒に対する信仰があったことは確実で、それが江戸時代まで引き継がれ、舞台が築かれていたのだろう。

そして四天王寺には、「四天王寺は青竜権現《せいりゅうごんげん》である」

という話が伝わっている。

「四天王寺の仏は青竜の化身《けしん》である」という意味になるが、そもそも中国では天子の顔を竜顔といって、額に角のある顔を指し、竜と鬼とは同一性をもっている。

すると四天王寺の青竜権現とは、額に角のある鬼の神ということになる。

「青竜」にはもう一つ意味がある。その場所から東に位置する竜のように蛇行した山脈のことを表わし、四天王寺から見ると生駒がそれで、四天王寺＝生駒の神の化身となる。

◎伊勢に納められている三種の神器は偽物か？

第二のキーワードは亀の池である。

玉造稲荷と四天王寺の両者には、同様に亀池という名の人工の池が存在している。

玉造稲荷の亀池には白竜が棲んでいるという言い伝えがあるらしいが、竜と亀は、丹後にある籠《この》神社の海の奥宮に伝わる浦の島子のモチーフである。その竜宮には乙姫（亀姫）がいて、三種の神器の入った玉手箱があった。

神器の入ったものが玉手箱ということは、神器が玉であるという概念があったように思われる。

こう考えると、白狐の背中にあった三寸の玉と三人の童子が、何か三種の神器にも関係しているように思える。

玉造稲荷の亀池（左）と
四天王寺の亀池（右）

しかも、玉造神社は天皇即位の儀礼のとき、天皇霊（大和《やまと》の国魂《くにたま》）を天皇に付与する役目を担った物部の神殿だったのだから、なおさらその可能性は高いと思われる。

そして玉造稲荷のすぐ東北には日下《くさか》という地名が残されている。日下一族が住んでいた場所なのだろう。

浦の島子という人物は、丹後国の三ヵ所にその出自が求められ、一つは、与謝《よさ》半島の北東部筒川村であり日下部首《くさかべのおびと》の出自としているものである。

二つ目は与謝半島の西北部の網野《あみの》村であるとし、名を水江浦島子と呼んで日子イマス王（崇神《すじん》天皇と兄弟）と同じ出身としている。

三つ目は、与謝半島の西北部の浅川村ということになっている。

『日本書紀』によると、浦島子は雄略《ゆうりやく》天皇二十二年秋七月に漁に出て竜宮城に行った。

なお、鎌倉時代に成立した『神道五部書』の一つである

『倭姫世記《やまとひめ》』には、雄略天皇秋七月七日に大佐々命《オオサナノミコト》をもって、丹波国与謝郡真名井より豊受之大神を伊勢に迎え祀る、としている。

同じ雄略天皇の時代の七月に、浦の島子が竜宮へ行き、豊受之大神が伊勢に遷されるという不思議な共通性がある。

丹後の海部氏は浦島太郎の子孫であるといわれ、さらに日子イマス王や丹波道主命の子孫ともいわれている。

また、浦の島子は日下部首家の先祖といわれるが、これは日下部首家が日子イマス王の子孫とされているので、浦の島子と日子イマス王は同一人物ということになる。

〝玉手箱＝三種の神器〟というのは、『先代旧事本記《せんだいくじほんぎ》』の記述で明確であるから、日子イマス王と海部の王、浦の島子が豊受之大神を伊勢に遷したことは間違いない。

しかし、伊勢神宮建立のわずか八年前に、難波に玉造稲荷の前身の比売社《ひめのやしろ》が建立され、海部と同じ日子イマス王の子孫の日下一族が、その一帯に住んでいたのは事実である。

そして難波を支配していたのは、海部の分家である物部だ。

籠《この》神社が豊受之大神の遷宮を、大和朝廷からの圧力に押され承諾しながらも、明治まで御神体である「マナの壺」を隠し持っていたとすると、雄略天皇のときに伊勢に納められた三種の神器は偽物だということである。

雄略天皇以前にも、三種の神器剝奪の圧力が丹後にかかり、それで丹後は三種の神器を別々にして、自分たちの氏族の間で隠し持っていたのではないだろうか？

三種の神器が、古来玉造稲荷にあったかどうかは、物証としては何も残ってはいないが、その可能性があることは否定できないだろう。

◎玉造稲荷と四天王寺の西向き鳥居の意味

第三のキーワードは西向きの鳥居と東への信仰である。

玉造稲荷にも四天王寺にも、西向きの鳥居が存在し、現在の大阪で西向きの鳥居が立っているのは、この二つ以外には存在しない。

その四天王寺の鳥居には、奇妙な風習がある。春分・秋分のとき、太陽がちょうど西門から海に沈むのが見えるため、西方浄土としてこれを拝むのである。

筆者は、鳥居から太陽を拝む習慣のある寺を、四天王寺以外では聞いたことがない。

四天王寺の西向き鳥居

そして、西門を拝みながら「当極楽土東門中心」と言うのである。東を聖なる方向として見るのは、やはり太陽崇拝の顕著な現われで、明らかに神社は太陽信仰の形式である。

ところが太陽の沈む西の海には、淡路《あわじ》島が横たわっていたのだ。淡路島とはヒルコ（ニギハヤヒ）の最初の鎮座場所である。

こうした太陽信仰は、玉造稲荷にもあった証拠がある。近松門左衛門《ちかまつもんざえもん》の歌で、玉造稲荷を詠ったものである。

仰向く顔に当たる日を、袖かざしの玉造
稲荷の宮居、ここもまた。伊勢の内外の内平野町

太陽信仰と玉造稲荷を伊勢神宮になぞらえているようすが、この歌からは読み取れる。玉造稲荷や、それを前身として建てられた四天王寺は、元伊勢ではなかったかのだろうか？ 元伊勢ならば当然、三種の神器があったはずなのである。

◎四天王寺の守り神「石神」とは？

第四のキーワードは国土を守る神である。

四天王寺は護国のために建てられたといわれるが、国の守護はもともと大和の国魂（天皇霊）の仕事とされていたため、玉造稲荷も四天王寺も元伊勢であった可能性が高い。

これまでの四つのキーワードから、聖徳太子の建てた当時の四天王寺の姿を想像してみよう。

まず鳥居があり、太陽神を祀っていた。亀の池があり、竜神が棲むといわれていた。そして当然、豊受之大神が鎮座していた。

石神を祀る牛王尊の祠

四天王寺の中心が東門と西門を結ぶ東西軸にあることは言い伝えから明らかだが、その東西の門を結ぶ軸線上に、忘れ去られたような小さな祠《ほこら》が建っている。

行き交う人は、誰も目を止めようともしないこの祠の神が、四天王寺を支えているという言い伝えがある。

祠には「牛王尊《ごおうそん》」と書いてあるが、四天王寺の神は、額に角のある鬼の神である。この祠こそが四天王寺の最も重要な神、バール神の祠なのであろう。

そして、それは弥勒《みろく》の化身である聖徳太子そのものでもある。

祠の横の説明では、それが石神で、四天王寺の土台が崩れぬようにお祀りしていると紹介している。

景教経典《けいきょうきょう》のなかで、イスラエルのことは「石国」と書いて表わされる。

つまり「石神」とは、イスラエルの神を指していると思われるのである。

また、四天王寺の牛王尊には秘密の儀式がある。

それは人目をしのんで真夜中に行なわれるのだが、四天王寺中の主だった僧侶が一人残らず牛王尊の祠にお参りし、最後に酌のようなものを受け取るらしい。

その儀式を教えてくれた僧侶は、筆者の質問に困惑しながらも、

「おかしな儀式でね、私も意味を知りたくて研究したんですが、仏教にそんな儀式はどこをさがしてもないのですよ」

と答えてくれたのである。

儀式を直接見たわけではないので迂闊な推測は避けるが、どうやら牛王尊が秘密裡にVIP待遇を受けており、仏教的でない儀式が行なわれていることはたしかである。

さらに、四天王寺の行事である「どやどや」の際には、スサノオ神のシンボルである牛王宝印を人々が奪いあったり、二月四日に行なわれる芹田坊法事では、僧侶が牛玉宝印をもらって天下

四天王寺は籠神社を模倣したものだった？

太平、五穀豊穣を祈るという。

◎太子は四天王寺に丹後の奥宮を再現した――

玉造稲荷や四天王寺は、籠《この》神社と同じように元伊勢だった。すると、聖徳太子の建てた四天王寺とは籠神社を模倣したものと考えられ、竜の住む亀池とは、籠神社の奥宮、竜宮のミニチュア版であったように思われる。

籠神社の奥宮とは、女島・男島・中津神島の三島を指すのだが、丹後の鬼たちは、この三島を海の中に立つ巨大な三柱とダブらせて見ていたのだろう。

徐福が行った「幻のように、近づけば遠くに行く東海の三神山」とは、この三島のことだったとも考えられるが、それは契約の箱を隠すべき聖所として最もふさわしい場所のように感じられたに違いない。日本海には不知火《しらぬい》が立つ。大陸から海を渡って来るとき不知火に揺れる三島を見て、ユダヤ人たちは契約の箱の神秘の力を見たのだろう。

そして、女島と男島の間にある中津神島が、玉手箱のある竜宮の本体であった。

塔の下には、壺に入った聖徳太子の遺髪が埋められているといわれ、金堂は四天王寺にある池の水源に建てられたというのだが、なぜ、四天王寺の本体の青竜が棲む池の水源の上に金堂を建ててしまったのだろうか？　こうした行為には、法隆寺の救世観音《ぐぜかんのん》にみられる処遇と同じ悪意が感じられる。

聖徳太子は仏教徒ではなかったので、その遺髪の上に五重の塔を建て、四天王寺の本体である青竜の池の水源に金堂を建てる。そうして太子と青竜をひとまとめにして、その上から仏の力で封印をし、閉じ込めてしまったのだろう。

霊がこの世にもどってくるといわれるお盆の日に、金堂と塔を中心に盛大な万灯籠供養を行なうのは、太子の霊の鎮魂を目的としているように思われるのである。

太子は四天王寺に丹後の奥宮を再現し、三島と三位一体の象徴として三つの柱を立てた。そして、太子の側近だった秦《はた》氏の建てた太秦《うずまさ》の三柱鳥居も池のなかに立っていた。

中国の景教寺院において、三柱が池のなかに立っていたのかわからないが、日本にやって来た景教徒たちの脳裏には、間違いなく海の上に立つ巨大な三柱が焼きついていたのである。

水面に映る三柱は、雲の合間から現われた天の階段のごとく光を反射して揺らぎ、景教徒たちを感嘆せしめたことだろう。

◎元伊勢の権利問題がからんだ太子の摂政任命

現在の四天王寺にある弥勒菩薩《みろくぼさつ》は、白鳳《はくほう》時代に納められた物である。

四天王寺の寺伝では、この弥勒菩薩は救世観音像の試作といわれ、現在、日本に現存する弥勒菩薩は、天智《てんじ》天皇のものが最古のものであると結論が出ている。

謎がからむ四天王寺の移転

聖徳太子の時代に日本に伝えられた弥勒菩薩は現存せず、元興寺《がんごうじ》にあったという異形の弥勒像や仏像も、いまでは存在しない。

玉造岸上に最初の四天王寺が建てられたのは、用明《ようめい》天皇二年（五百八十七年）だったが、『先代旧事本記』には、このとき同時に法隆寺が建てられたと記されている。

そして、六年後の四天王寺が現

在の場所に移された年に、太子は摂政に任命された。このとき推古《すいこ》天皇が再三、摂政にと要請したが、太子が三度も断りを入れた裏には、四天王寺の移転もからんでいたように思われる。

これはすなわち、元伊勢の権利問題だったのだろう。

『先代旧事本記』には、推古天皇と聖徳太子の美談として次のように記されている。


推古天皇元年春正月、天皇は法隆寺の刹柱《さつちゅう》の下に安置されているという、崇峻《すしゅん》天皇が百済《くだら》から贈られたという金の壺に入った舎利が、本物であるかどうかを確かめたく思った。ただし、その舎利はみだりに触れると大きな災いがある。そこで、聖徳太子にこれを確かめさせようとする。

太子が舎利に向かうと、舎利は紫の光を放ち、鳴り輝くこと三度。そのとき雪も降りだし、人々はこれを見て、大いに驚いたという。

この後、推古天皇はすぐに太子を摂政に任命する。

「朕は、たおや女なり、生まれつき物を解さず。万機は日に慎むも国務は激しく多なり。宜し天下事は悉く太子に申すべし」

これに対し、太子は、天皇に竹田皇子という皇子があることを理由に断りを入れる。最後には、母間人に相談し、親子ともども推古天皇に断りに行くが結局聞き容れられず、摂政になる。

推古天皇は、なぜ、いきなり法隆寺の柱の下にある舎利を本物かどうか確かめようとしたのだろうか？　そして、なぜ、舎利に触れると災いがあるのだろうか？

舎利が災いを起こすなどという話は、あまり聞いたことがないので、これは舎利ではなく、三種の神器を指していたと思われる。

「法隆寺と四天王寺が同時に建てられた」ということから、三種の神器は四天王寺からこっそり持ち出され、法隆寺の柱の下に隠されていたのだろう。そして推古天皇は、どこからかこの情報を仕入れて真偽を確かめたいと考え、神器を扱うことのできる聖徳太子を引っ張り出したのである。

太子が舎利に向かったときに起きた奇跡を見て、推古天皇は、それが神器であると確信した。そして、大和朝廷のさらなる安泰と、鬼たちの支配に布石を打つために、太子と神器を人質としたのである。

◎天皇霊を祀る寺だった四天王寺

聖徳太子は摂政《せっしょう》となり、四天王寺は改めて国家的事業として建設された。これは大和朝廷の鬼一族への勝利宣言だった。

このとき、新しい四天王寺建設に従事した者のほとんどが、国家神道の推進者である物部《もののべ》一族だったことも、これで明解になる。

彼らは、一族が敗北した仏教の寺を建てるために勤しんだのではなく、神器を収める新しい神殿造りに、一族の当然の務めとして従事したのだろう。

太子の指揮により、新たな聖所と、竜宮のミニチュアである三柱、太陽を拝むための鳥居、弥勒《みろく》の神殿、ユダヤの十二部族を表わす十二の社寺が建立された。

バールの復活祭が、大嘗《おおなめ》祭の正体ではないかと第二章で説明したが、四天王寺こそが天皇霊を祀る寺だったのだ。

それを示唆するかのように、聖徳太子の記した『先代旧事本記』の予言書「未然本紀」は、三輪《みわ》・五十《い》鈴《すずの》宮《みや》・天王寺に秘匿されたとあるのだ。

天王寺がなぜ四天王寺なのかというと、四天王寺は古来、天王寺と呼ばれていて、それは、太子の頃は漢字自

「大阪三十三所観音廻り」

体の意味は尊重されずに、すべては表音だったからである。

「テンノウジ」という名は、とりもなおさず天皇の寺という名称なのである。

四天王寺が天王寺と呼ばれていたのは、それほど昔のことではないようで、近年の資料としてある、明治三十五年九月、河内《かわち》国かつら井寺観真講発行の『大阪三十三所観音廻り・旧二十一太子廻り地図案内一覧』と題する一枚習の図には、二十番札所として、「天王寺内金堂」と記されている。

◎本来の天皇の資格とは？

古来、天王寺が天皇の寺としてどのように機能していたかは定かではないが、一つの推測をあげてみると、日本の歴史上、女帝の統治という特殊な事態が生じたのは、推古《すいこ》天皇以前では、神《じん》功《ぐう》皇后、以降では、皇極《こうぎょく》天皇、持統《じとう》天皇のみである。

女帝の天皇即位は、通常、次の天皇候補が幼年で天皇擁立の年齢に達する間のなかつぎとして立てられる。ところが、この女帝のなかで推古天皇だけが、夫である欽明《きんめい》天皇が死んだあとの用《よう》明《めい》天皇、崇峻《すしゅん》天皇という二天皇の即位後、ようやく天皇として即位しているのである。

他の女帝は、父なり夫である天皇の死後、すぐに天皇に即位していて、推古天皇にだけ生じた特別な事情、つまり、殯《もがり》中の妨害を受けたということである。

大嘗祭《おおなめ》という公的な天皇即位儀礼が記録として表われるのは、七世紀以降、天武天皇の時代からである。

では、古来は何をもって天皇即位の象徴とされたのかは、最初の女帝神功皇后の場合にも、非常に特殊な事件が起きているので、それが参考になる。

神功皇后は、夫である天皇が琴を弾き、自分が神懸りして神託を述べているとき、天皇がその神託を信じなかったため、神の怒りに触れて急死してしまっている。そのとき、天皇の側にいたのは神功皇后と武内宿禰《たけのうちすくね》という臣下だけで、すなわち、天皇の死に皇族としてたった一人で立ち合ったのである。

このことをみると、死への立ち合いという行為が、天皇即位の強力な資格となったのではないだろうか。

ここで、もう一度、天皇という概念をしっかり把握しておかなければならない。

天皇というのは、実際は個人の名称ではなく、天皇霊という大和国魂を指していい、大和国魂とは、国文学者の折口信夫《おりぐちしのぶ》氏によると、国津神《くにつかみ》の最高神霊を指し、天皇は、この神霊を代々、体に入れることによって天皇となりえたという。

それを考えると、大嘗祭という大規模な天皇即位儀礼が成立する以前には、死去した天皇から天皇霊がまだ分離していない状態のなかで、次天皇への移し替えが行なわれていたのではないかと推察される。

筆者の入手した情報によると、死去した先天皇と巫女が交わり、その巫女と再び次天皇が交わることによって、天皇霊の移し替えが行なわれたらしい。とすれば、女帝たちは、次天皇に天皇霊を引き渡す巫女としての資格をもって、一時的に天皇に即位したのではないだろうか？

そう考えれば、穴穂部《あなほべ》皇子が殯《もがり》中の推古《すいこ》に乱暴をしようとした動機が鮮明になってくるのである。殯中の推古を汚すことによって、巫女としての資格を消滅させるためか、もしくは推古の引き継いだ天皇霊を自らが引き継ぐためであろう。

◎欽明死後の天皇擁立のために太子がとった行動

欽明《きんめい》天皇が死去したとき、蘇我《そが》は推古天皇を次天皇にする気でいた。そのため、三輪逆《みわのさかう》をつけて推古天皇を殯《もがり》させたのである。

三輪氏が、物部《もののべ》と並んで大和国魂を預かり祭事を司る一族であったことを考慮すると、三輪逆は推古を天皇とする儀礼を行なう予定であったのだろう。ここで、そうはさせじと飛び込んで来たのが穴穂部皇子なのである。

このとき、穴穂部皇子は物部守屋《もりや》と組んでいたのだが、守屋にしてみれば、祭司すべき自分を出し抜かれて大変な憤りを感じていたに違いない。

そうして推古天皇の即位は失敗に終わり、天皇即位のための資格が、小姉君の系統の者に渡ったのはたしかで、その後の天皇は、間人《はしひと》の夫、用明《ようめい》から弟の崇峻《すしゅん》へと繋がっている。

いっぽう、推古の天皇即位を邪魔された蘇我も、激しい怒りを穴穂部と物部にたぎらせ、これが物部・蘇我の決戦の背景にあったものと思われる。

三輪逆は、その後、身の危険を感じ慈悲を求めて上宮王家に命乞いに行くが、結局は追い出され、穴穂部と物部に殺されてしまう。怒った蘇我は、崇峻天皇を甘言で惑わし、まんまと大義の旗を手に入れて、穴穂部と守屋の討伐に出るのである。

諸皇子たちを蘇我軍につける馬子の政治力は、当時、絶大なものであっただろうし、外来勢力の後押しが蘇我にはあった。一度や二度の戦いで勝利したとしても、長い目で見れば蘇我の有利は確定していて、時代の流れについていけない物部守屋の感覚こそが、物部敗北の致命傷となった。

敵は蘇我だけではなく、日本を狙う渡来勢力すべてだということに、守屋は気づいていなかったのだろう。

この決戦で、もし守屋が勝っていたなら、戦いは長引いて鬼一族と渡来勢力の、血で血を洗う惨状が繰り返されたことだろう。

聖徳太子は、被害を最小限に止めるべく守屋一人に犠牲を絞り、そして、民族の心の支えである神器を隠したのである。

太子が物部の神殿である玉造稲荷に、決戦の最中に詣でることができたのは、物部一族のなかにも太子の意志に同意する層があったのだろう。彼らのなかに秘かに景教徒に改宗していたものがあったことは容易に想像できる。

しかし、当時わずか十四歳（もしくは十六歳）の太子に、こうしたすべての仕掛けが可能であったとは思えず、その裏には、秦河勝《はたのかわかつ》率いる秦一族の根回しと援助があったのだろう。

◎蘇我の勝利宣言の裏に隠された太子の苦悩

崇峻天皇が蘇我に暗殺されたのち、本来の大王候補は、聖徳太子であった。

蘇我と推古天皇が太子に摂政を強引に迫ったのは、本来なら大王になれる太子に推古天皇の補佐に廻ってもらい、推古天皇を世間に認知させる役回りを強要したのである。

太子としても、それは屈辱であっただろう。しかし、強引に出れば自分の命も危ないのみならず、一族のなかの蘇我のやり方に憤りを感じ、いまにも決起しようとする者たちを刺激して、再び守屋の起こした惨状を再現することにもなりかねない。

再三の推古天皇の摂政任命の誘いに、権力へ野心のないことを伝えて断わった太子ではあるが、蘇我と朝廷の鬼一族反乱への疑心は、いくら太子が弁明したところで拭いようもなく、大和朝廷から派遣された麿子皇子の鬼退治は、太子が摂政になる年まで続いている。

こうした太子の苦悩を再現すると、次のような情景が思い浮かぶ。


暮れも押し迫り、肌を刺すような木枯らしが吹く夜だというのに、太子は宮の縁側に出たっきり、小一時間あまりも憑かれたように笛を吹いていた。

寒さのせいか、その横顔は蒼白になり、彫像のように月の光を受けて輝いている。

今宵は満月である。

満月の夜の笛の音には、鬼気迫るような異様な響きがあった。

太子の笛は、とくに名手でなければ吹けない細振りの物であり、鳥のように高い音色を出すので珍品とされ、火雲と名付けられていた。

火雲の音色は、高く、低く、木立を抜け、難波《なにわ》の海をも越えるのではないかと思われるほどにあたりに響きわたった。

太子の心中を思い計って「我が君がお声をくださるまで」と、じっと身動きもせず傍らで太子を見守っていた秦河勝であったが、緊迫した空気に、たまりかねて太子に尋ねた。

「我が君、今日も朝廷より摂政にと申し出があったとか……。いったいどうなさるおつもりです」

浄土を表わす図（『二河白道図』、光明寺本）

笛の音がピタリとやんだ。しかし、声はなかった。

「我が君は、一族にとって大切なお方。河勝のできることでございますれば、なんなりと申しつけくださ い。いざとなれば我が秦一族、大陸に散らばる仲間を集結させ、我が君の楯となる覚悟はできております」

太子は、ようやく腰を上げ、河勝と向かい合って座った。

「それでは、なんの解決にもならない。いったい私がお前とはかり、守屋を討ったのは何のためだったのか。無駄な一族の血を流すより、夷数（イエス）の教えに従い、和を尊び、この国に弥勒浄土を興す固い決意があったからではなかったのか？」

「もちろんでございます。しかし、やつらは我が君の命も、いずれは狙う腹づもりに相違ありません。そうなれば、弥勒浄土はどうなるのでしょう。我が君なくしては弥勒浄土もなく、神より授かった神器も怒りを発し、災いとなるばかりです」

「河勝よ、私を真に夷数の転生と信じるか」

「なぜそのようなことをおっしゃいます。河勝、夢々疑ったことなどありません」

「ならば、私が蘇我に討たれたとしても、何も心配することはない。私は世の終わりに生まれ変わり必ず皆を救いにくる。私は必ず、この国に生まれ変わる。そのためには、この国が弥勒下生の浄土でなければならない。私は、摂政の話を受けようと思う。ここにこうしていては、弥勒浄土をつくるなど夢の夢。中央に出れば、道は開けよう」

「我が君、言われることはわかります。しかし、摂政になれば馬子の手中に入ったも同然、あまりに危険が高うございます」

「いや、私は決心した。私は浄土づくりの土台さえ築けば、それでよい。河勝、お前は神器を私が復活するそのときまで守り通すのだ」

あまりの太子の気迫に押され、河勝は思わず頷いた。

「とにかくここは、蘇我に油断させることが大事。私がおとなしく神器を渡すと言えば、疑いをもつことは必至。河勝よ、蘇我に贋の神器の噂を流すのだ。神器を見つけられ、私が蘇我に従属したように見せかければ、彼らの心に油断が生まれるだろう。そのときこそ弥勒浄土の基をつくる好機が生まれるだろう」

馬子と推古は太子の作戦にみごとにかかって、ここに蘇我の勝利宣言として天皇霊を祀る寺、天王寺を国家的事業として建立《こんりゅう》し直すことは、一度はケチのついた推古天皇即位に箔をつけるためにも是非とも必要なことであった。

◎太子こそが誰よりもメシアの到来を待ち望んでいた――

太子は摂政となって六年後、推古天皇より播磨《はりま》国を領地として受け取っているが、播磨は、現在の兵庫県であり、丹後《たんご》・但馬《たじま》・丹波《たんば》の一帯である。

ではなぜ、推古は太子に播磨を領地として与えたのか？　これは、おそらく太子が摂政を受けたことによる報酬であり、播磨を太子の領地とすることによって、不可侵条約の締結を意味していたのだろう。

しかし、太子は本気で自分をメシアと信じ、生まれ変わりを望んでいたのだろうか？　筆者には、そうは思えない。

十四歳にも満たない少年の頃から次々と肉親を殺害され、自分自身もいつ殺されるかも知れない環境にあった少年が、弥勒浄土を夢見たのは当然のことだろう。即位後、わずか二年でなくなった用明天皇ですら、暗殺ではなかったとは言い切れないのである。

弥勒浄土は、言語も一種類しかなく、あらゆる差別が存在しない理想郷である。そのような理想郷であれば、当時、殺戮の根底にあった民族・宗教問題はまったくなかったことだろう。

太子ほど、弥勒浄土を渇望する境遇にあった人はいないのである。

しかし、このとき弥勒浄土を実現できる立場の人間は、鬼たちのなかで聖徳太子以外いなかった。ゆえに太子が自らメシアと称したのは、鬼たちの結束を自分のもとに束ねるためであった。

筆者がそう思う理由は、深い孤独のなかに沈む、あの弥勒半跏像《みろくはんか》の姿ゆえである。

太子の死後、残された人々は弥勒半跏像に太子の姿を重ねた。太子もまた、深い孤独を見つめているような姿をしばしば人々に見せたのだろう。

『天寿国曼荼羅』に記される、太子の「この世はすべてかりそめなり。仏のみが真実である」という絶望的とも思える言葉が、孤独と虚無感を反映している。

ただひたすら平和を渇望しながら、鬼たちの楯として生きた太子こそ、メシアの到来を誰よりも待ち望んでいた人物だったのかもしれない。

第五章

「日出づる処の天子」と「未然本記」の謎

Ⅰ・太子の残した業績の真の意味

◎摂政後の太子の行動の謎

聖徳太子は、摂政《せっしょう》となってからの六年間、沈黙を守り続けた。

太子が摂政となったことで、大和《やまと》朝廷と鬼たちの間にはつかの間の平和が続き、その間、太子は推古《すいこ》天皇と蘇我馬子《そがのうまこ》の望みどおり、仏教の擁護者としての役回りを見事に演じ切った。

推古天皇は太子の仏教徒ぶりと忠誠心に感じ入り、太子との和睦策として播磨《はりま》国を太子に賜った。これは鬼族と大和朝廷との間の無言の不可侵条約だったのだろう。

聖徳太子はこれを受け、播磨国を法隆寺の管轄とした。

そして二年後には、斑鳩宮《いかるがのみや》を法隆寺の近くに造り、ここに移り住んだのである。

この太子の一連の行動は、正史を尊重する学会では不可解なものとされ、太子の政治的隠遁を意味するという説がある。

しかし、これはある意味では正解で、ある意味では間違っている。

大和朝廷からの圧力が弱まったことを意味する太子の斑鳩への移住

なぜならば、太子の政治家としての活動、すなわち、のちに残る「憲法十七条」「官位十二階」の制定や、国史の編纂《へんさん》といった大事業は、この後に行なわれたからである。

太子が播磨を得て、海部《あまべ》の高祖火明命《ホアカリノミコト》（ニギハヤヒ）の最初の大和での根拠地、斑鳩に移り住んだことは、大和朝廷の圧力が弱まり、太子が自由の身になったことを意味している。

そこから、太子の本来の活動が始まったのは当然だったといえる。

しかし、太子が斑鳩に移れたのは、大国隋《ずい》との国交樹立という大事業に成功したという背景があったからである。

◎遣隋使は太子個人と隋との交流の証

推古八年。太子が斑鳩に移り住むわずか一年前の一月、日本で最初の遣隋使が聖徳太子によって派遣された。

太子が隋の皇帝にあてた国書には、歴史上あまりに有名な言葉が記されてあった。

日出づる処《ところ》の天子、書を日没する処の天子に致す。つつがなきや、云々

この国書を小国日本が大国隋に送るには、当時の感覚では考えられないくらい無礼な内容である。中華思想をもつ大国隋にしてみれば、日本のような小国との対等の外交などありえないはずであった。

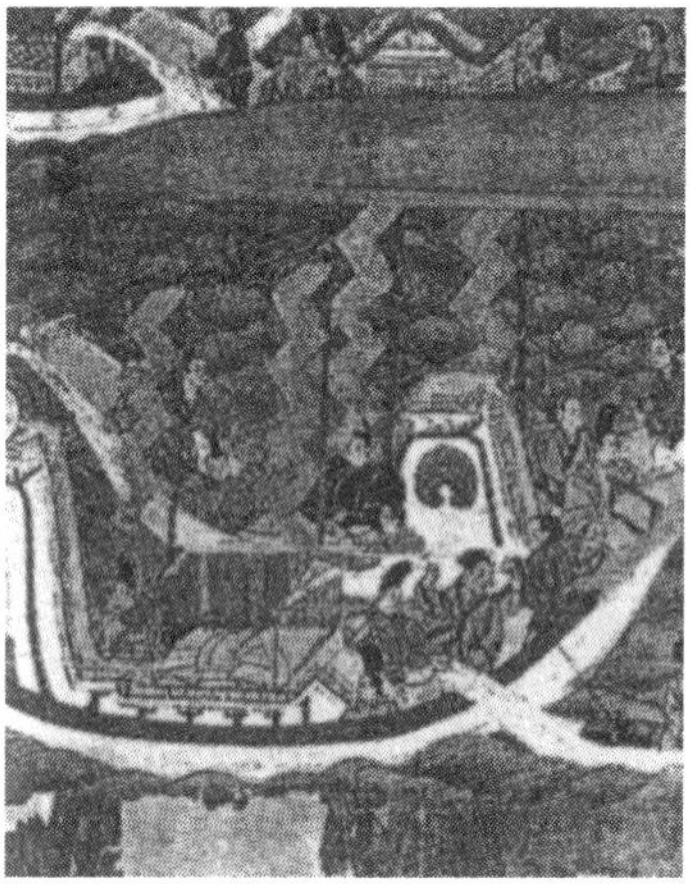
太子は独自の外交を展開した

『隋書倭国伝』によれば、隋の皇帝煬帝《ようだい》は、この国書を見て太子の不遜《ふそん》な態度に大いに怒ったとある。ところが、小野妹子《おののいもこ》は隋の特使である裴世清《はいせいせい》を伴って帰国したところをみると、特使というのは特別外交官であろう。

興味深いことに隋書では、日本からやって来た使者は、推古天皇からの使者ではなく、阿毎多利思比孤《タリシヒコ》という男性の大王から派遣されたものだと名乗っている。そして、裴世清が日本に来て謁見した天皇は、男性で

あったと書かれている。

世清が謁見したのは推古天皇ではなく、じつは聖徳太子だったのである。

すなわち、遣隋使とは本来、日本と隋との国交樹立のために行なわれたのではなく、聖徳太子と隋との外交成立を目的として行なわれたものだったのだ。

煬帝は、なぜ日本の天皇でもない聖徳太子という人物からの申し出を、受けねばならなかったのだろうか？

それは、ちょうとそのころ隆盛を極めていた新羅《しらぎ》からの口添えと、中国国内でも力をつけてきたユダヤ勢力のバックアップがあったからだと考えられる。

◎太子と鬼族の背後には大国隋の存在があった

当時、隋は二百七十年ぶりに中国を統一した王朝であったが、朝鮮半島の高句麗《こうくり》との戦いに苦しんでいた。

さらに中国大陸では、六世紀の半ばごろ、トルコ族の突厥《とっけつ》が、東は中国東北部から西は中央アジアにいたるまでの大遊牧国家を形成していた。

突厥文字を使用したこの民族は、隋の統一のころには東・西に分裂はしたが、依然として強勢であった。

文帝・煬帝は、東突厥と組んで西突厥を制圧し、両者の間に対立を生み出す作戦でその勢力を弱めたため、突厥の支配下にあった西域諸国が入貢した。

また、青海地方において東西貿易を妨げていた吐谷コンを制圧したので、ゾグド地方に住むイラン（ペルシャ）人種をはじめ、西域諸国の商人が隋に来住した。

このとき、景教徒《けいきょう》やユダヤ人がかなりの割合でそこに混じっていたことは、疑う余地はない。

その隋も、高句麗とのたび重なる戦争に国力を費やし、六一八年に滅亡する。

この戦いに勝つためには、優秀な技術者集団であるユダヤ人たちを無視することはできないし、新羅を味方につければ、高句麗をはさみ討ちにできる。

そう考えると、聖徳太子の申し出は断るわけにはいかなかったのだろう。

しかし、これは大和朝廷にとっては大変な出来事だった。

大国隋と聖徳太子が対等の国交を始めたということは、とりもなおさず、隋という巨大なバックが太子と鬼族についたということである。そして、太子の国書に隠された、大和朝廷への無言の宣戦布告と感じたに違いない。

そのため、推古天皇は太子と隋との間に交わされた条約を知ろうとして、小野妹子に、隋の皇帝から太子に宛てた国書を差し出すようにと命令している。

小野妹子はこのとき、国書を紛失してしまったと報告したが、これは、太子と隋との密約を命をかけて守り通したのであろう。

◎「日出づる処の天子」の真意は太子のメシア宣言だった――

「日出づる処」とは、当時の日本を意味した言葉ではない。

当時の日本はまだ倭《わ》国と呼ばれていたし、日の下は日本の秦《しん》王国・丹後の自称である。先の国書は、秦王国の天子が隋の天子に宛てた国書という形をとっているのだ。

そして、じつは別のメッセージも隠されていたのである。

ユダヤの予言では、終末の世にメシアは日の出る所からやって来ると記されている。

聖徳太子はこのとき、メシアの国・日本と、メシアとしての自分の存在を世界に向けて宣言したのである。

このメッセージは、各地に散らばるユダヤ人たちを狂喜乱舞させたことだろう。

大和朝廷と緊張した関係を続ける鬼一族の立場を、少しでも安定したものにするためには、国外からの支持をとりつけ、大和朝廷に一目おかせる必要があった。

太子のメッセージの効果は絶大で、そして国内での聖徳太子熱も、ますます高まっていったのである。

じつに聖徳太子は、カリスマ的な政治家であった。またカリスマを演じる必要があった。

太子が生き延びれたのは、鬼たちから生まれながらにメシアと仰がれ、その一族を徹しての庇護を受けたからである。

生まれながらにカリスマであることを要求され、カリスマのまま太子は死んでいった。

それが幸福な人生であったかどうかはわからない。しかし、太子はのちの世まで人々に愛され、のちの世の人々までも愛する生をまっとうしたことは、たしかである。

隋との国交樹立に焦った大和朝廷は、その翌月、太子の援助国である新羅に討伐軍を差し向けた。しかし、これは失敗に終わり、太子は翌年に斑鳩《いかるが》に移り住む。

ウル語で、祈りのことを「イルカガ」というが、斑鳩という地名はここから来ているのかもしれない。

斑鳩にはニギハヤヒ以来の鬼族も大勢いて、太子の身辺の警護は万全だったし、しかも、斑鳩は外交上有利な立地あったのである。

当時、奈良と河内《かわち》、難波《なにわ》を結ぶ古道は三本あったが、斑鳩は、当時の外交玄関にあたる難波大津に直行する位置を占め、なおかつ南を流れる大和川は、隋使の裴世清《はいせいせい》も通行していた。

当時、斑鳩は水上交通を制する重要な場所であり、交通の要地といえたのである。

◎「官位十二階」と「憲法十七条」の真意

斑鳩において、聖徳太子は日本の「花郎《ファラン》」ともいえる「斑鳩結社」を組織し、活発な外交政策を展開していった。

太子のブレーンには、秦河勝《はたのかわかつ》、小野妹子《おののいもこ》、登美赤イをはじめ、海を越えてやって来た、そうそうたる渡来人たちが起用された。

太子の時代、斑鳩は華やかな外交都市であったのである。

隋・新羅という強国をバックにつけ、独自の外交政策を繰り広げる太子は、大和朝廷にとっては脅威の存在であった。

しかし、太子はあくまでも慎重な態度をとりつづけた。

斑鳩に住みながらも、相変わらず朝廷に通い続け、和睦の態度を崩さなかったのも、弥勒《みろく》浄土を実現することに目的があったからだ。

黒――土
紫――木
黄――金
赤――火
青――水

五色と五惑星の対応

血みどろの戦いを見てきた太子にとっての願いは、権力を望むことではなく、ただひたすらに平和であった。

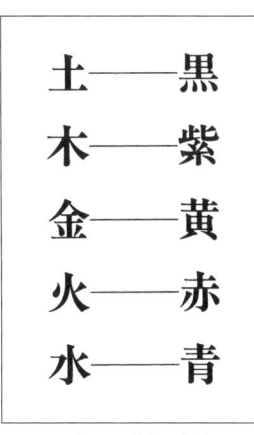

太子の心を理解しない者たちにとって、太子の態度は理解に苦しみ、とくに「花郎」との交流の要《かなめ》になっていた秦河勝には、もどかしく感じられたことだろう。

さて、推古十一年、それまでの日本の氏姓制度をくつがえす画期的な政策、「官位十二階」の制が聖徳太子によって提案された。

それは身分に関係なく、能力によって役人を抜擢し、十二の段階別に分けられた官位を、それぞれの業績に応じて与えるというものだった。

十二という数字はユダヤの聖数でもあり、オリエント発祥の占星術の基本数字でもある。さらに、十二官位にあてられた五色の識別は、占星術に用いられる五惑星の色と共通しており、最高位を表わす紫は、ユダヤでも王の色であった。

聖徳太子が、占星術に対する造詣が深かったことを思わせる記述が、古書にはしばしば登場するが、官位十二階の発想の源が占星術的なものに依っていることは、きわめてユダヤ的発想といえる。

なぜなら、聖書にはさまざまな占星術的表現が用いられており、占星術はユダヤ人のお家芸であったからである。

官位十二階は、身分制度を撤廃するための、初歩段階を模索する試験だった。弥勒浄土は万人平等の世界だ。身分制度を撤廃しなければ、成し得ないのである。

これに加え、能力主義が行き届けば、中央から疎外されている鬼一族にも道が開け、政治力の均衡を保つことができると計算したのだろう。

そして、さらに翌年、太子は「憲法十七条」を発表した。

この憲法を読めばわかるように、全体は和の精神と天皇制への尊重に貫かれ、これには現実的な憲法として効力を発揮する取り決めは、いっさい書かれていないのである。

この、現実離れした憲法の提案のために、太子は理想主義の夢想家であったように、後世批評されることが多い。しかし実際、太子のように政治の激烈な変動のなかにいた人物が、本気でこのようなものを憲法として想定していたはずがない。

渡来人との交流も深く、進んだ外国文化にも接していた太子は、憲法がどのようなものであるかということぐらい、十分承知していたはずだ。

では、太子はなぜこのような現実離れした憲法を提案したのだろうか？

「憲法十七条」は、一族と大和朝廷への太子の個人的なメッセージとして発表されたものなのである。

◎太子の戦略は渡来勢力と鬼一族の結合だった

この憲法の一番大切な条項は、最初の三条に集約されているので、わかりやすく列挙してみよう。

一、和を以て尊しとし、逆らう事のなきを宗《むね》とせよ。

　人みな党あり、また悟れる者少なし。ここをもって、あるいは君父に従わず、また隣里に違う。しかれども上和らぎ、下むつみて、事をあげつらうにかなう時は、事理おのずと通ず。何事かならざらん。

二、厚く三宝を敬え。（以下略）

三、詔《みことのり》をたまわりては必ず慎め。（以下略）

　一の条文の意図は、鬼一族に和平工作をとれ、という太子の指示である。

　二の条文は、朝廷側には仏教擁護者としての立場を表明したものであったが、鬼一族に対しては三種の神器を守り通せという言葉であった。

　問題は三の条文にみられる天皇制擁護の意見である。

　大和国魂《やまとくにたま》に対する崇拝は、それ以前からあったが、それを国家的祭事として確立させたのは聖徳太子であろう。

　天皇という名称が、推古天皇の時代に始めて用いられているのが、その証《あかし》である。

　物部《もののべ》に張り合うために仏教を擁護した蘇我《そが》氏であったが、聖徳太子が後見人となり推古が天皇となった時点においては、神道を廃絶する労力を費やすより、そのまま大和国魂の権威を引き継いだほうが、はるかに効率がよかった。

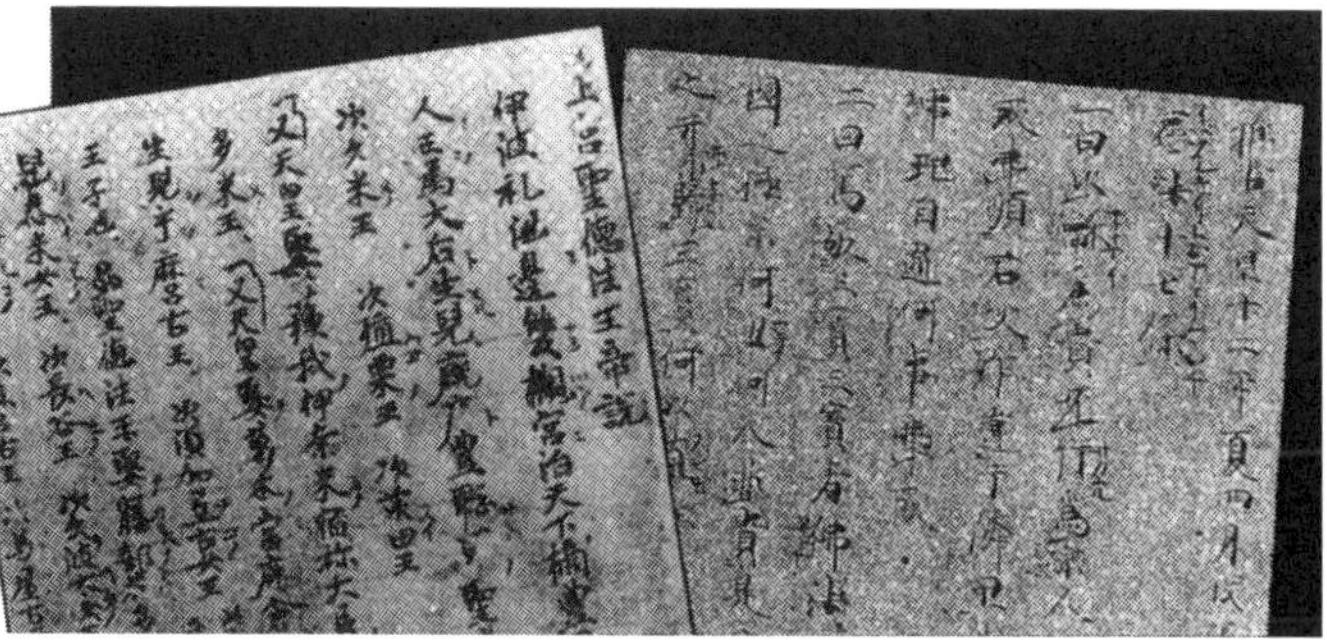

「上宮聖徳法王帝説」（左）と「憲法十七条」（右）

また、以前はいましく感じていた伝統的な宗教的権威も、自分たちの手に入ったなら誇らしくもなるものである。そのためか、推古天皇はその後、神道を重んじるという詔《みことのり》を発表している。

聖徳太子は、なぜ推古に「天皇」という位を与えたうえに、強力に天皇制確立のための土台を創ったのだろうか？

それは、太子の和平融合策によって、渡来勢力と鬼一族が将来結合して行き来し、一民族国家になるであろう日本が、自らの信奉する神と神器を祀る国になるための戦略であった。

その戦略は成就し、聖徳太子の意志は現在まで生き続けているのである。

◎国史編纂の真のねらいとは？

その他に、太子の業績と考えられるものに言語の統一、国史の編纂《へんさん》がある。

隋《ずい》は六一八年、高句麗との度重なる戦争に国力を費やし滅亡した。変わって皇帝についたのは北周の武人李淵《りえん》であった。

しかし、中国国内は混乱のなかにあり、中国皇帝は国内の基礎を築くのに精一杯で、小国日本との交流には関心を示さなかった。

太子は隋というバックアップを失ったとき、自らの命運が長くないことを悟った。

もし太子が、隋と新羅のバックアップを頼みに強硬姿勢をとっていれば、鬼族の政権はわずか十七年で終わりを告げていただろう。太子が和睦の姿勢を崩さなかったのは、賢明な選択であったのだ。

隋の滅亡の二年後に、太子は蘇我馬子《そがのうまこ》とともに国史の編纂に取りかかった。

天皇家万世一系の歴史をつくりあげ、天皇家の地位を不動にするこの事業は、推古や馬子にとって、願ってもない話であった。

しかし、朝廷権力に屈服したかのようにみえる国史の編纂も、太子の遠い未来への展望のもとに打ち出されたものであった。

すべての氏族が皇室に繋《つな》がる日本系図の発想は、その昔、シュメールやユダヤで編まれた民族の歴史の記録法と同じなのである。

バラバラの民族を一系図にまとめることによって、国家の団結を強力なものにし、紛争を解消しようとしたのである。

統一の言語をもち、天皇というメシアの下で、万人が平等であり得る弥勒浄土《みろくじょうど》の雛型《ひながた》が、太子によってつくりあげられた。それが、私たちの住む日本、日出づる国であったのである。

太子は国史の編纂が終わり、天皇の地位が不動のものと位置づけられれば、大和朝廷にとって自分が無用の存在になることを覚悟していた。

国史の編纂に取りかかった年、聖徳太子は磯長《しなが》の地を訪ね、その地を自分の墓所と決めて、自ら工事を監督して墓所を造っている（現在の大阪府南河内郡太子町叡福寺境内）。

叡福寺の境内にある太子廟

太子の墓は、激動の時代のなかで数々の業績と伝説を残した人物とは思えないほど、簡素で小さなものである。その当時、墓を造る際には通常、のちに親族を合葬するために、あちらこちらに横穴を設けておくのが習慣であった。『聖徳太子伝暦』には次のような話が記されている。

太子の墓を造っているとき、墓掘り人は

普通に墓を造るのと同様に横穴を掘っていた。そこに、工事の見回りのため、太子がやって来て、墓掘り人に尋ねた。

「何をしているのか？」

「はい。のちに葬られる方々のために横穴を掘っております」

太子は墓を覗き込んだ。

「あの穴も、この穴も埋めてしまってくれ。私の子孫はのちの世に残らないだろうから、無駄になるばかりだと思う」

これが、肉親の死を見つめ続け、いままた自らの死を見つめる太子の姿であった。

◎なぜ大和朝廷は天皇制を守り通したのか？

太子の懸念どおり、翌年、母の間人《はしひと》皇后は熱病によって死去し、そして、その翌年には、太子とその妻カシワデノイラツコが同日に死去している。

この相次ぐ太子一族の死は、偶然にしてはできすぎている。

太子亡きあと、山背皇子《やましろのおうじ》をはじめとする太子の妻子十六名は、理由なく蘇我《そが》氏に討ち滅ぼされ、太子一家は一族滅亡へと追い立てられた。

山背皇子らは蘇我の兵を逃れて、生駒《いこま》へと赴いた。そして鬼一族は、太子の子供たちの窮地を聞きつけ生駒に集結しだした。

「もう蘇我のやり方には我慢ができませぬ。山背皇子様、兵を挙げ、蘇我を迎え討ちましょう！」

鬼たちは口々にそう叫び、気勢をあげた。

「待ってくれ、私は戦う気はない。みなに父上の最後の遺言を伝えるため、ここに来たのだ」

太子の子たちは鬼たちを鎮《しず》め、なおもこう続けた。

「父上は、こうなることは生前から予期されていた。だから私たちも覚悟はできている。父上は私への最後のお言いつけとして、どんなことがあっても兵を挙げて戦ってはいけない、再び、一族を血の戦場に駆り出してはいけないとおっしゃられた。みなも忍びがたきこともあるだろうが、父上の心を汲み、この言葉に従ってくれ。

再び救世主《メシア》が来られる。父上は生前、夢殿に籠り、神と対話をなさっていた。私は、そのことをしたためた『未然本紀』という書を手渡された。そこには千年後に世の終末が来ることと、父上が再び救世主として復活なされ、弥勒浄土をこの世に実現なさることが記されてあった。

千年は長い。しかし、みな、待ってくれ。いたずらに争いを繰り返し、この国が廃土と化してしまったりすれば、父上が甦ってこられたとき、どんなにお嘆きになるだろう」


山背皇子は、太子が生前行なっていた説法をしたり、弥勒浄土の話を鬼たちにして彼らを説得した。山背の熱心な説得に、鬼たちは心を残しながら、一人また一人と解散していった。

その後、山背皇子の一行は法隆寺へと向かい、太子の遺言を守るため、一族全員が自決して果てたのである。

中に閉じ籠る山背皇子たちによって火をつけられた法隆寺は、業火《ごうか》に包まれ、蘇我の兵が見守るなか、夜の闇を赤々と照らした。

そのとき、どこからともなく天上より妙《たえ》なる調べが奏でられ、天人たちが舞い降りて山背皇子らを連れ去っていったという。

それは、紅蓮《ぐれん》の炎と、兵士たちの罪の意識が見せた幻であったかもしれない。

太子一家の不闘の姿勢は、気高く、神秘的であった。それゆえ大和朝廷は、聖徳太子の呪縛から決して逃れることができずに、天皇制を守り通していったのである。

天皇の地位は権力とかけ離れたところに想定された（宮中三殿）

◎太子が確立した天皇制の真の意義 ――

聖徳太子によって確立された天皇制というものが、その後の日本の歴史にもたらした功績は大きい。

国体論が叫ばれ、天皇崇拝が戦争のための道具として利用された不幸な過去もあったが、歪められた天皇制がまかり通った第二次世界大戦の戦前・戦中を除いて、天皇制は日本の平和国家樹立の大きな要因だった。

およそどこの国においてもそうだが、律令制以前の日本においては、大王の地位は実力によって獲得されるものであった。

この場合の実力とは、軍事的・政治的・文化的な支配力をもったものが王になるという公式であり、日本以外の国の王族は、すべて、この系統に属している。

ところが天皇という地位は、基本的に権力とかけ離れたところに想定された地位であった。天皇という地位を支えるのは、日本の宗教的思想であり、これを最高位におくことによって、日本の権力機構に特異性が持ち込まれた。

すなわち、権力と権威が別々に存在するという公式である。

律令体制が固まると、天皇という地位はますます観念的なものとなっていき、権力と隔離された状態が生まれることになる。

しかし、権力と隔離されていればこそ、時の権力の衰退に関係なく、生き続けることが可能であったのだ。

日本民族の統一は、徳川家康によってなされたものでも、明治維新によってできたものでもない。天皇という観念が一人歩きした結果、長い年月をかけて日本は統一に導かれたのである。

その点に関しては、歴代の天皇でさえも、天皇という観念のなかに存在した、瞬《まばた》きほどの存在でしかなかった。

権力者は、日本において権力者以上の何者でもなく、国民の尊敬は天皇という観念的な対象に集まった。日本では、権力と権威、権威と人間が、常に別の次元に引き離されて存在してきたのである。

日本人の政治への無関心さは、権力構造への無関心さといえなくもない。

こうした土台が、日本を民主主義に導いた真の要因であると思うのである。

日本は、真の意味での民主主義を具現化していける、唯一の精神的土台をもった国家なのだ。

故・田中角栄氏が投獄されたとき、世界中は日本の民主主義の力に驚愕したという。一国の総理大臣が、民意によって刑に服したのである。

日本には、第二次世界大戦以前には、制度的な民主主義は存在していなかった。

制度的には、民主主義諸国のなかで先進国とはいえない日本であるが、日本人の心の中には、聖徳太子が秘かに植えつけた弥勒浄土の種が、千四百年の時を経て、着実に育っているのである。

筆者は決して天皇崇拝主義者でも、右翼思想の持ち主でもない。

しかし、聖徳太子が確立してくれた、天皇制という素晴らしい平和機構に拍手を送らずにはいられないのである。

聖徳太子の犠牲的精神によってつくられた素晴らしい国が、愚かしい過ちを、未来永劫、決して犯さないように舵《かじ》をとることが、私たちに残された課題であるだろう。

Ⅱ・初めて明かされた予言書「未然本紀」

◎太子千年の予言書「未然本紀」の謎

藤原南朝の末裔《まつえい》に伝わる『先代旧事本紀《せんだいくじほんぎ》』の第六十九巻は「未然本紀《みぜんほんぎ》」という題目がつけられている。

じつはこれが、ノストラダムスの研究家である五島勉氏が著した『聖徳太子の秘予言』という本に書かれてあった、謎の未来記に相当するものである。

聖徳太子の予言書ともいえるこの巻は、歴史学では、その存在さえ認められていないが、この「未然本紀」の信憑性は確かなものである。

「未然本紀」と筆者のかかわりは、ある人物、四天王寺の重要関係者でT氏という方に直接知り合ったことから始まった。

ある日、筆者に興味のある物を見せることができると、T氏から呼ばれた。

T氏が見せてくれた物は、四天王寺に保存されている「楠木正成《くすのきまさしげ》の巻き手紙」で、そこには、正成が四天王寺で「未然本記」を読んだということが記されていた。

これは『太平記』にも物語として書かれてはいるが、『太平記』自体の歴史的信憑性が認められていないため、史実ではないという扱いを受けている。

しかし『先代旧事本記』にも、「未然本紀は、四天王寺《してんのうじ》、三輪《みわ》、五十鈴宮《いすずのみや》に秘匿した」としっかり文中に記されている。

どちらの書でも、内容が一致しているのである。

よほど意地の悪い見方をしない限り、このことは「未然本紀」が実在した証《あかし》になると思うのである。

さて、問題の『先代旧事本記』は日本の歴史書である。そのなかに聖徳太子の予言書「未然本紀」が収められているという構成は、ユダヤの歴史書である聖書のなかに「ヨハネの黙示録」があるのと同様に仕上げられたと考えられる。

その「未然本紀」にまつわる経緯は、『先代旧事本記』に以下のように記されている。

「未然本紀」は、推古《すいこ》天皇三十三年正月、山背皇子《やましろのおうじ》が天皇に献上した。

しかし、この書には題もなく、いつ書かれたか、何が目的で書かれたかまったくわからない。

天皇は聖徳太子が亡くなって四年目に、この書に接して大変喜び、部屋に戻って何度か読んでみるが、やはりよくわからない。

そこで秦河勝《はたのかわかつ》を召して、何が書かれてあるのかを質問するが、河勝はわからないと答える。次に当時十二歳だった鎌足《かまたり》を呼んで、「貴方は少年であるが、日夜、太子の給仕をし、太子も大変賢い者だと言っていました。何かこの書に心当たりはありませんか」と尋ねた。

鎌足は、「夢殿で給仕をしておりますと、常に殿下の所に神人が侍《はべ》って、さまざまなお話しをされておられましたが、この書を見ますと、そのことが書いているようでございます」と答えた。

天皇は鎌足に書を渡し、解読するようにと命令する。

鎌足は神頼みしかないと思い、身を清め好物を断って部屋に籠り、一心に祈っていた。

すると一人の神人が現われ、鎌足の心眼が開ける。

そしてこの書は千年の予言書だと悟るのである……。


「未然本紀」は鎌足が悟ったとおり、聖徳太子の千年期の予言の書である。ただし、千年というのは概念であって、実際の千年を指すものではない。

これは、「ヨハネの黙示録」に出てくる「人類の終末までの時間の概念」としての千年と同じものである。

ユダヤには、もっとも大きな時間の単位の区切りとして、千年周期の概念があった。「未然本記」は、全部で十一章からの予言文によって構成されているが、十一を基本として十一の倍数は、カバラの神秘哲学における、始まりから終わりの数である。

それゆえに、「ヨハネの黙示録」は二十二（十一の二倍）章で著され、有名なユダヤの秘密結社、フリーメーソンの階級制度は、三十三（十一の三倍）階位に区切られているのだ。

千年の周期を十一で区切った聖徳太子の予言書は、その構成からしてユダヤ的であるといえるだろう。

全文解読を明らかにしたいが、本書は予言書ではなく、歴史の解明を目的とする書であることに加え、紙幅の制限もあるため、今回はとくに聖徳太子の思想を如実に表わしていると思われる、終末の予言の部分を紹介させていただくことにする。

筆者の意訳に関して賛否もあるとは思うが、太子の予言が近年の日本の歴史にピタリと当てはまることの不思議に共鳴していただきたく、あえて解読文をつけた次第である。

◎日本の近現代史を予言する「未然本記」の終末部分

第九百歳

天災が二度ある。帝《みかど》は衰え三宝はバラバラである。（天皇の権威は失墜し、新宝は行方不明である）

私を離れて理に止まり、帝の徳に近づきながら権力の元に戻り、理を欠いて法をよりどころにする。（太子の示した皇道の真理から離れて天皇制の形だけを復元し、天皇を立てながら権力主義に傾き、天皇制の理を離れた法をよりどころにする）

天に逆らって災いをなし、虚しいことをする。嘆け、皇道に戻らないことを。悲しめ、天に怪奇現象が起こるように、太陽が二つ現われることを。ほんとうの太陽は高く細く、贋《にせ》の太陽は低く太い。（ほんとうの太陽＝天皇、贋の太陽＝原爆と国粋主義の指導者）

ほんとうの細い太陽は光り、贋の太い太陽は強く照らす。（原爆の光りは太陽の光を凌駕して熱と光をまき散らす。また、天皇の権威より国粋主義者の指導部の権威が上回る）

弱き太陽は万年あり、強き太陽は一日しかない。（原爆が一日だけの太陽であることと同様に、国粋主義者の権威も長くは続かない）

上の太陽は支配されて長く、下の太陽は支配されて短い。（天皇は長らく支配される。国粋主義者が短い間、国を支配する）

天はこうしたことを災いとして太陽を二つ示された。支配しているほうの家来は高ぶって王のように振る舞うだろう。（国粋主義指導者の家来である軍部は、独裁へと走っていく）

そして、欺いていながら君主を崇《あが》め偽って家来といっている。（軍部の政治実権掌握のための独断的行為）

天は酬いを与えて彼らの跡継ぎを断ち、子を死なすだろう。神は災いを与えて顧みられないだろう。（第二次世界大戦で日本は大敗し、軍部関係者は全滅）

万代に天皇の位を軽んじた家来は、このようになる。千世の朝廷を欺くこの大将もそうである。あるいは将校であってこれを覆し忠誠を尽くす者や、もしさらに下の者であっても、改めてこうして諫《いさ》めれば、悪い運は転じて幸運となる。すると子孫は永遠に繁栄する。

神は海中に災いを示して、手足があって首のない死体を大量に出すだろう。（神罰により太平洋に多くの犠牲者が出る。軍部に利用された兵士たちの死体が浮くことになる）

二逆は自らの権威を失わないよう朝廷を軽んじ、天皇を差しおいて卑しい戎王に通じ、国の園を支配して卑しい天の田にしてしまう。（戎王＝マッカーサーとの取引の結果、日本の政治機関は卑しい天＝米国のための、田＝米国に忠誠を誓って文化も経済も貢いでしまうようになる）

習わしに逆らう異国の書簡をありがたがって、朝廷の大礼を辱《はずかし》める。（日本は、米国から提示された新日本国憲法を受け入れる）

太陽が三つ並んで現われ、三つ立ってあるようである。大将が天皇を支配するように、その家来が天皇を支配するようになる。天皇・大将・その家来とこれ三なり。（二度の戦災＝広島・長崎の原爆と、本物の太陽を合わせた三つの太陽の出現は、国の閣僚が天皇を支配し、その閣僚を家来＝民衆が支配する世界が実現する印。長い戦乱ののち、世の中に身分がなくなる）

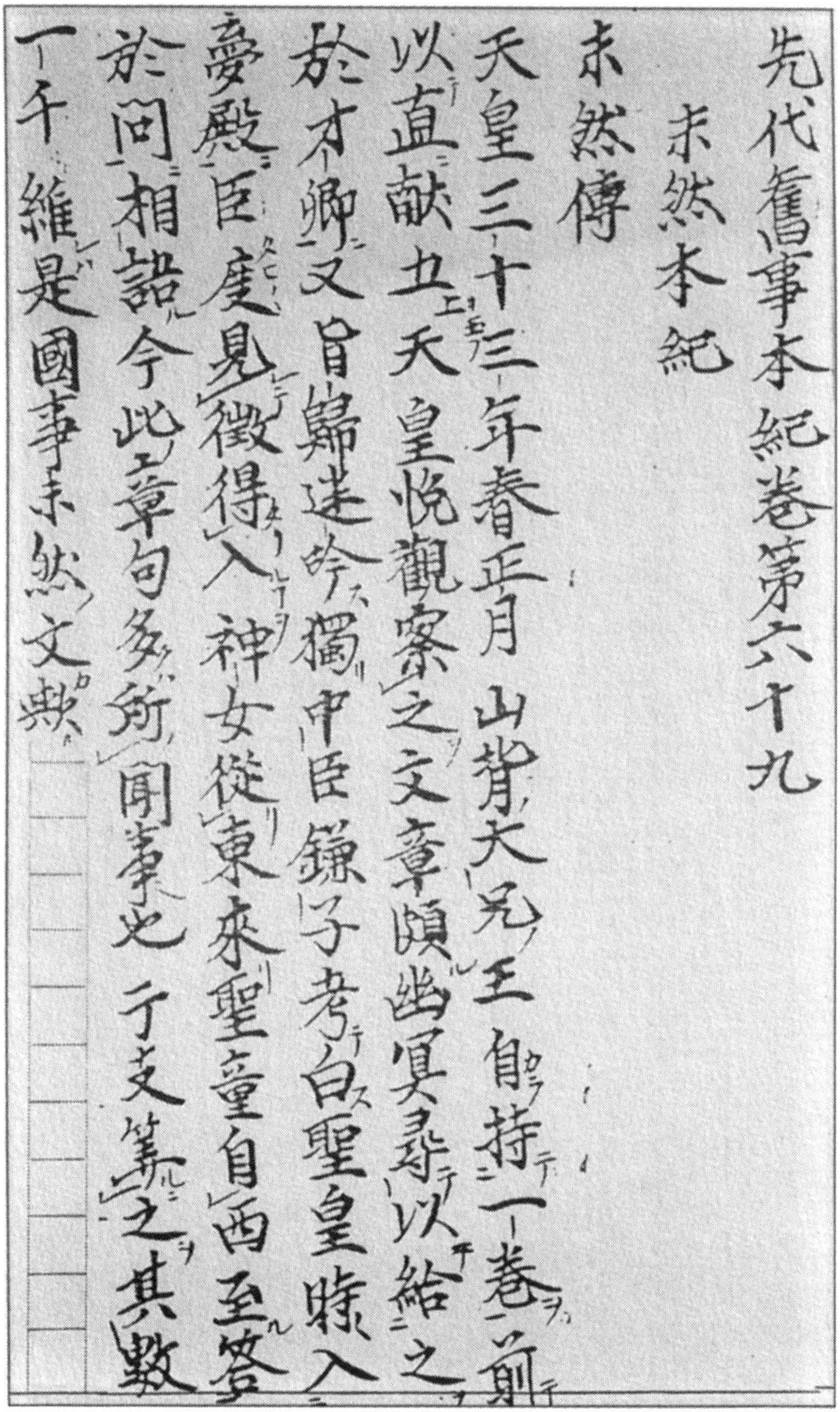
先代舊事本紀卷第六十九
未然本紀
未然傳
天皇三十三年春正月　山背大兄王自持一卷前
以直獻上天皇悦觀察之文章頗幽冥尋以給之
於才卿又旨歸迷吟獨中臣鎌子考白聖皇時入
憂殿臣度見徴得入神女從東來聖童自西至答
於問相詔今此章句多所聞事也　干支算之其數
一千維是國事未然文典

星が月中に入り、時に天皇の位を脅かす。（月食）下の者が上となり、位のない人が位を取る。彗星は祭事の元の法が乱れることを咎《とが》める。贋の太陽は滅び、ほんとうの太陽は安定し、裏切り者の家来は滅びる。（太陽＝天皇と、並ぶ月＝中国皇帝は、深く結びつこうとしていたが、共産主義革命によって皇帝は没落。結果、労働層が天下を取った中国が誕生）

ほんとうの主は、位に奢《おご》って天を侵す（人間たちが自己を過信して天を侵す）ことの不敬を戒めるため、地震、鬼火、水害、怪風、見たこともない疫病、赤い雪、泥の雨で神罰を与える。

また、このようなとき神社や寺は鳴動し、仏や神の像は破裂するが、それは神が示していることだと誰も悟らず、怪奇な示しがあっても誰も驚かない。どのような怪奇が生じても、普段と同じである。

このようなことのべては、一つのことに原因がある。祭事に背《そむ》き法を現乱せば、天は上下の安らぎを欲するが、人は主従の滅亡を招いてしまう。このときは政治がないような極であり、世の中も乱害の極となる。（いまの時代は政治が存在しない乱害の極の世である）

第十百歳

見知らぬ法がやって来て、中華（中国）に近づき神道《しんとう》を脅かし仏教を消滅させる。国の官僚もこれを信じ、大守もこれを信じる。

我が朝廷の主が危険であるのに、神がこれを防がず、仏がこれを防がぬことがあるはずもない。（何かいままでにない思想が大国を取り込み、大国に動きが起る。日本の権力者もこの動きに共鳴するが、日本にとって危険な思想である。そしてこのとき仏教は滅びる）

新しい儒教が来て、我が儒教が衰える。牛や鹿の祠《ほこら》がしばしばつくられ、物忌みの祭りはどんどん減っていく。（新しい儒教＝新しい法律・道徳が現われることによって、日本人の思想が大きく変わっていく。そして邪教がはびこり、神道も衰退していく）

新しい儒教を支持する人々は、我が国の習わしを卑《いや》しめ、異郷の品々を尊び、仏を誹《そし》り、神道を嘲笑う。小徳の先生を王のように崇め、和が多徳の先皇を土のように捨てる。（偽善者がはびこり、真の価値ある者は評価されない）

こうした人々の風潮が盛んであるので、国の道はまったく衰えてしまう。こうした人々が多くなるなら、我が国は滅ぼされてしまうべきだ。神はこれを防ぐために、彼らに災いを下す。神はこれを嫌われるので、その道も立ちいくことができない。

堕落した僧は百千いるが功績はない。国を費やし、贋の僧が千万出現して人々を惑わし、多くの堕落僧が国中に溢れる。彼らは仏の姿を盗んで、心で仏を破る。僧でいながら人の敬いを受けず、俗な生活をして仏道を誹り、湯沐に米を無駄遣いし、煙草に粟を無駄遣いし、瓦礫《がれき》に銀を無駄遣いし、廃《すた》れ神に金を無駄遣いし、徳沢も遂に渇き、王は孤独を養わず、法海さらに深く仏は一人でカンカを潤す。（宗教、思想、精神の堕落。人は内面的なものよりも、物欲、金欲、表面上の装飾に惑わされ、浮ついた価値観に振り回されて盲目的になっていく）

家来の威光は君主の威光を長らく脅かし、奢った家来は自分を君主であるという。天はこのことに報いを及ぼし、その下の家来の威光を、こうした家来の威光より高くして、顧みないようにするだろう。そして遂には跡継ぎを断つだろう。天君が立ってもずっとのちまで、このようである。（政治は、権力闘争が下克上《げこくじょう》のように激しく繰り広げられる。このとき神は、これらに対して報いを及ぼす）

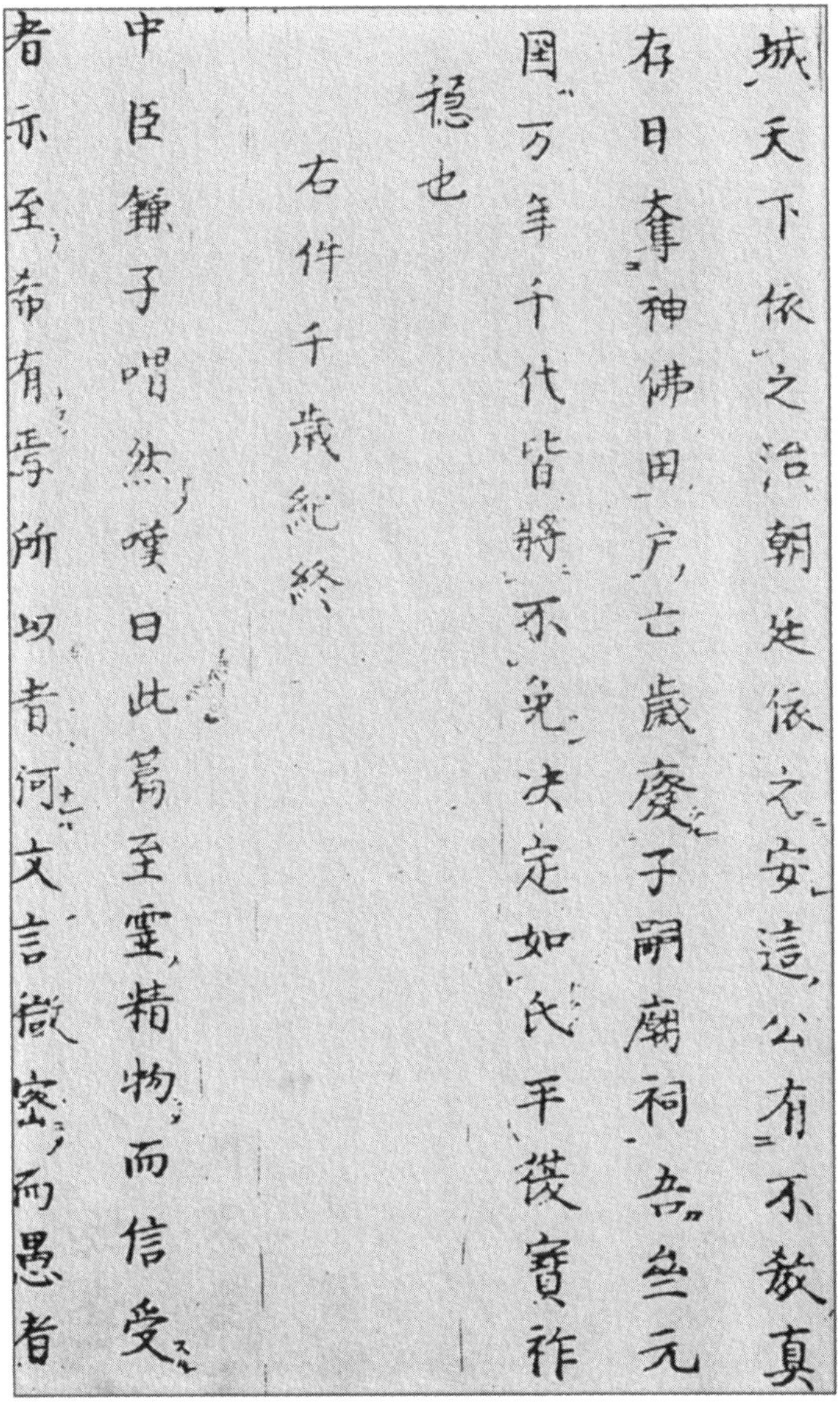
城天下依之治朝廷依之安這公有不敍真
存日奪神佛田广亡歳慶子嗣廟祠吾無元
國万年千代皆將不免決定如氏平筏寶祚
穏也
右件千歳紀終
中臣鎌子喟然嘆曰此篇至霊精物而信受
者亦至帝有尋所以青河文言微密而愚者

太陽の精が下がって卑天の田を司《つかさど》り、大気をつくりだして屈伏をなくす。(太陽の精＝メシアが降臨してくる)

活き活きとして、滞りなく神と消息をともにし、聖者も及ばず百の過ちを正す者である。尊きものが天下を治めて、常に宝を敬うので、日本のみならず海外までも従わせる。

これより西の戒めも、東の我を覆うことを止め、官僚は親睦し、地方を治める者も真に和む。(メシアはあらゆる過ちを正し、常に神と行動を共にする高潔なる者である。このメシアが神宝を崇めるので、日本のみならず世界の指導者となる。この出現によって西の圧力もなくなり、メシアと共に和をなして暮らすのである)

自ら妻を質にしてまでも、都に寄せ我と城に住む。天下はこうして治まり、朝廷はこうして安泰する。教えを受けなくても自然と人々には教えがあり、生まれながら神仏の田を得ている。年を取ることもなくなるので、墓はいらなくなる。我が祭事の国は万年千年続き、平和が続き、宝も安泰する。(人はこぞってメシアと暮らしたがるが、そのメシアの治める国では、万年千年と平和が続き、宝も安泰する)

これが、いままで絶対に公開されることのなかった、太子の予言書「未然本記」の抄訳である。

読者諸氏はこれを読んで、どのように感じられただろうか？

聖徳太子が、ほんとうに予知能力をもっていたか、またメシアであったかは、我々がどう論じても結論のつかないことだろう。

しかし、間違いなく太子は偉大な政治家であり、偉大な魂の持ち主であったのだ。

そして、私たちの住む日本が、聖徳太子によって弥勒浄土《みろくじょうど》の雛型《ひながた》としてつくられた〝日のいづる国〟であることはたしかなのである。

「我は死しても善霊となって、この国を守護する！」

これは、太子が生前誓った言葉として『日本書紀』に記されている。

その言葉どおり、太子の霊力は死後もなお消滅することはなかったのである。

◎現代に甦る聖徳太子の遥かな願い

本書によって、真の聖徳太子の業績と、その壮絶な人生を何百年という時を経たいま、ここに提示できたと思う。

聖徳太子とは、日本建国の父であり、昔も現在もかけがえのない日本の救世主でもあり、ひいては神の治める国としての日本を理想郷にするために、自らのすべてを捧げた人物だった。そしてその想いは、現代社会のなかでも完全に消えることなく、日本人の深層意識に脈々と受け継がれているように思う。

そこで最後の項として、聖徳太子の深遠なる思想を紹介して、本書の結びとしたい。『先代旧事本紀』六十三巻と六十六巻に収められた「御語本記《みかたりほんぎ》」から、聖徳太子の心の声、生の言葉を掲載する。荒廃しきった現代社会を生きる人たちに、新たな希望をつかむきっかけとなれば幸いである。


人間は天性の善人です。

その命は天の定めであり、それ自体が信といえるでしょう。

しかし、人間が学びはじめると次第に偽りが多くなり、騙すことや馬鹿にすることを覚えます。その多くの原因は、名誉欲や権力欲というものです。

美食に溺れ快楽にふけると、病を生じて命を短くするばかりか、あらゆる人間性の美徳が破壊されます。

そして、優れた人物が出てくるのも絶えるでしょう。

短慮の人は、人知を尊んで、人にはわからない神の知恵を嫌います。

熟慮する人は、その逆です。

しかし人の上に立つ人は、常に神を仰ぎ、日との知恵を学ぶものです。

政治に関わる者は、本音を言って当事者を補佐しなさい。

そして、津々浦々の声を聞きなさい。

天に一定の形や好みはない。

だから、耳に入ってくる声を天の如くに聞きなさい。

統治者の道とは、天地自然と理《ことわり》のなかで自然に示されたことだけを成し、己れをなくすことです。統治者が学ばなければならないのは、どのようにして、こうした無の状態になるかであり、無であるゆえに悪政がなくなり、己を捨てることによって重税がなくなるのです
……。


聖徳太子が訴えていたことは、戦争放棄、自然との共存、民主主義、快楽主義の廃絶、教育・

道徳の充実である。さらに医療機構の充実や、官民一体の政治、身分制度の廃絶と能力主義、権力欲・名誉欲の否定も声にしていた。

はたして現代社会の日本の民に、この声は届いているのだろうか？

おわりに

聖徳太子という、ただでさえ謎の多い歴史上の人物と格闘したこの一年半は、私にとって、じつに苦しい日々だった。

その間、自民党による一党独裁政権が崩壊し、連立政権が誕生するなど、日本の政治状況はめまぐるしく変化していった。

私のなかにある太子像が、しだいに鮮明になっていき、その清烈な人物像に深く傾倒し始めていった時期だっただけに、この日本の政治状況に対し、なんとも情けないものを感じたしだいである。

いや、政界・政治家だけの問題ではない。日本国を構成する我々一人ひとりが、聖徳太子という〝聖人〟が心血を注いで築き上げた土台の上に生きていくのに、はたしてふさわしいかどうか、いささか疑問である。当然、私も含めてであるが。

しかし、絶望はしまい。きっと、よい方向に向かう道はあるはずである。太子も決して絶望はしない人だったのだから。

この本を書くにあたって、じつに多くの人に協力していただいた。得がたい資料や、興味深いお話を、私のような若輩者に提供してくださった方々に対し、この場を借りて改めてお礼を申し上げたい。また、先達のご研究・ご著書も多く参考にし、また引用させていただいた。心から感謝申し上げます。

こうした方々のご恩に報いるためにも、本書によって読者の一人ひとりの心に、聖徳太子の精神が宿れば、このうえない幸せである。

［参考文献］

小林恵子『聖徳太子の正体』（文藝春秋）
田村圓澄『半跏像の道』（学生社）
梅原猛『海女の天皇（上・下）』（朝日新聞社）
佐治芳彦『聖徳太子の陰謀』（日本文芸社）
水上涼『ユダヤ人と日本人の秘密』（日本文芸社）
『別冊歴史読本』「天皇家と日本の名族」（新人物往来社）
『トワイライトゾーン』「特集・抹殺された月神と役小角」（ワールドフォトプレス）
『トワイライトゾーン』「特集・世界民族の血脈の謎」（ワールドフォトプレス）
『神道の本』（ブックス・エソテリカ、学習研究社）

月海黄樹　げっかい　おうじゅ
山窩の家系に生まれ、幼少時より口伝の歴史・占術を授けられる。風水、天文易学、夢解読、象徴学など幅広い分野を渉猟し、占い師としてのキャリアも長い。
断筆後も霊学・古代史研究家として注目され続けている。
著書に『天宮占星術入門』（ダイナミックセラーズ出版）（月海知法のペンネーム）、『龍宮神示』（徳間書店）『［復刻版］空海は古代ユダヤの錬金術師だった：正統ユダヤの血脈は日本にあり』（ヒカルランド）などがある。

本書は、『古代ユダヤ人と聖徳太子の秘密：『先代旧事本記』が明かす〝真の日本建国者〟の実像』（日本文芸社、1994年）を新装復刊したものです。文中の人名や肩書き、表現は、発行当時のものをそのまま掲載しています。

真の日本建国者にして「ユダヤ丹後王朝」の皇子

聖徳太子の『未然本記』に刮目《かつもく》せよ！

千年紀の予言書が語る「赤い雪」、「泥の雨」とは何か?!

第一刷　２０２５年４月30日

著者　月海黄樹

発行人　石井健資

発行所　株式会社ヒカルランド

〒１６２-０８２１ 東京都新宿区津久戸町３-11 ＴＨ１ビル６Ｆ

電話 ０３-６２６５-０８５２　ファックス ０３-６２６５-０８５３

http://www.hikaruland.co.jp　info@hikaruland.co.jp

振替 ００１８０-８-４９６５８７

本文・カバー・製本　中央精版印刷株式会社

ＤＴＰ　株式会社キャップス

編集担当　井上朱里

落丁・乱丁はお取替えいたします。無断転載・複製を禁じます。

©2025 Gekkai Ouju Printed in Japan

ISBN978-4-86742-498-8

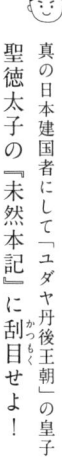

本といっしょに楽しむ イッテル♥ Goods&Life ヒカルランド

酸化防止！
食品も身体も劣化を防ぐウルトラプレート

プレートから、もこっふわっとパワーが出る

「もこふわっと　宇宙の氣導引プレート」は、宇宙直列の秘密の周波数（量子ＨＡＤＯ）を実現したセラミックプレートです。発酵、熟成、痛みを和らげるなど、さまざまな場面でご利用いただけます。ミトコンドリアの活動燃料である水素イオンと電子を体内に引き込み、人々の健康に寄与し、飲料水、調理水に波動転写したり、動物の飲み水、植物の成長にも同様に作用します。本製品は航空用グレードアルミニウムを使用し、オルゴンパワーを発揮する設計になっています。これにより免疫力を中庸に保つよう促します（免疫は高くても低くても良くない）。また本製品は強い量子ＨＡＤＯを 360 度５メートル球内に渡って発振しており、すべての生命活動パフォーマンスをアップさせます。この量子ＨＡＤＯは、宇宙直列の秘密の周波数であり、ここが従来型のセラミックプレートと大きく違う特徴となります。

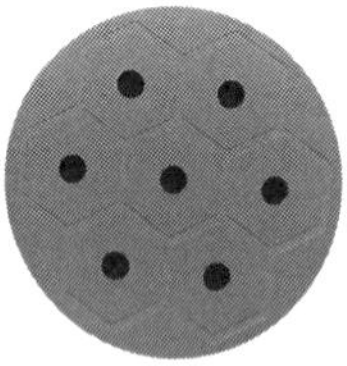

軽い！小さい！

持ち運び楽々小型版！

もこふわっと
宇宙の氣導引プレート

39,600円（税込）

サイズ・重量：直径約 12㎝　約 86g

ネックレスとして常に身につけておくことができます♪

みにふわっと

29,700円（税込）

サイズ・重量：直径約 4㎝　約 8g

素材：もこふわっとセラミックス
使用上の注意：直火での使用及びアルカリ性の食品や製品が直接触れる状態での使用は、製品の性能を著しく損ないますので使用しないでください。

ご注文はヒカルランドパークまで TEL03-5225-2671　https://www.hikaruland.co.jp/

＊ご案内の価格、その他情報は発行日時点のものとなります。

本といっしょに楽しむ イッテル♥ Goods&Life ヒカルランド

不思議なパワーで人生好転

健康に詳しい人はみんな使っている、**大宇宙のゼロ磁場パワーを放射する、注目すべき新素材 CMC**。ネガティブな波動の浄化で絶大な支持を集めるこの次世代技術が、日本の伝統と融合し、新たなカタチで登場です！

縄文時代に生まれ、三種の神器の一つでもある勾玉は、災難や悪霊から身を守り、心身を清める石とされています。頭が太陽、尾が月、穴が先祖とのつながりを表し、陰陽と宇宙への崇拝を象徴。今回のプレミアム勾玉と薄緑・薄青の「Magatama X」にはCMCが配合され、電磁波対策や生命エネルギー、地磁気の活性化、心身の調和を促進します。家に置くことで特別な癒しを感じる体験が得られるとされ、安心・安全をサポートする逸品です。

※ CMC（カーボンマイクロコイル）は世界で初めて発見されたミクロレベルの二重らせん状の炭素繊維です。ゼロ磁場エネルギーを発しており、**電磁波対策、地磁気アップ、水の活性化、人や環境の浄化**などの高度機能が熱い注目を集めています！

ご注文QRコード

伊勢神宮級のクリアリングパワー！

CMC 勾玉ペンダント

55,000円（税込）

箱入り、金属アレルギー対応チェーン
素材：樹脂　カラー：ブラック　大きさ：約3.5cm　総重量：約10g（チェーン含む）
チェーンの長さ：約68-70cm

アクセサリーに最適♪
ご自宅に飾って場の浄化にも！

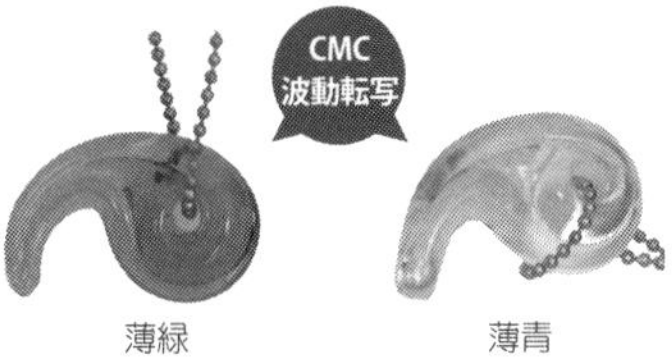

薄緑　薄青

CMC Magatama X

38,500円（税込）

素材：伊勢宮川清砂（薄緑、薄青ともに着色料なしの天然色）
大きさ：約3.5cm　総重量：約10g（チェーン含む）　総重量：約10g（チェーン含む）
※硬いものにあたると割れやすいので、お取り扱いにはご注意ください。

ご注文はヒカルランドパークまで TEL03-5225-2671　https://www.hikaruland.co.jp/

＊ご案内の価格、その他情報は発行日時点のものとなります。

本といっしょに楽しむ イッテル♥ Goods&Life ヒカルランド

重ねて貼ってパワーアップ！
電源なしで高周波を出す不思議なシール

貼付物の電気効率がアップ！

幾何学図形が施されたこのシールは、電源がないのに高周波を発生させるというシールです。通電性インクを使い、計画的に配置された幾何学図形が、空間の磁場・電磁波に作用することで高周波が発生しています。炭素埋設ができない場所で磁場にアプローチできるグッズとして開発されたもので、検査機関において高周波が出ていることが確認されています。高周波が周囲の電気的ノイズをキャンセルするので、貼付物の電気効率がアップします。お手持ちの電化製品、携帯電話などの電子機器、水道蛇口まわり、分電盤、靴、鞄、手帳などに貼ってみてください。
シール種類は、８角形、５角形、６角形があり、それぞれ単体でも使えますが、実験の結果、上から８角形・５角形・６角形の順に重ねて貼ると最大パワーが発揮されることがわかっています。

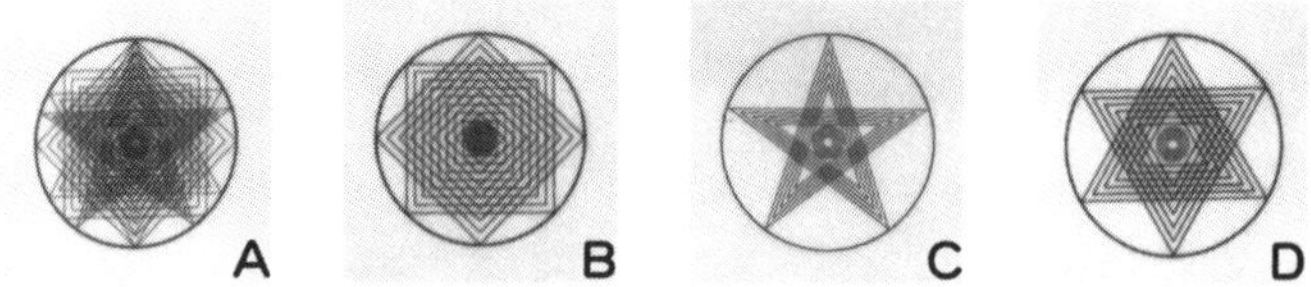

8560（ハゴロモ）シール

A 和（多層）	：1シート 10 枚	5,500 円	（税込）
B 8（8角形）	：1シート 10 枚	1,100 円	（税込）
C 5（5角形）	：1シート 10 枚	1,100 円	（税込）
D 6（6角形）	：1シート 10 枚	1,100 円	（税込）

カラー：全シール共通、透明地に金　サイズ：［シール本体］直径 30mm ［シート］85× 190mm　素材：透明塩化ビニール
使い方：「8560シール・8（8角形）、5（5角形）、6（6角形）」それぞれ単体で貼って使用できます。よりパワーを出したい場合は上から8角形・5角形・6角形の順に重ねて貼ってください。「8560シール・和（多層）」は1枚貼りでOKです。

ご注文はヒカルランドパークまで TEL03-5225-2671　https://www.hikaruland.co.jp/

＊ご案内の価格、その他情報は発行日時点のものとなります。

ヒカルランド　好評既刊！

地上の星☆ヒカルランド　銀河より届く愛と叡智の宅配便

豊臣秀吉とそれを支えた戦国・異能者集団の謎
著者：月海黄樹
四六ソフト　本体 2,200円+税

ヒカルランド　好評既刊!

地上の星☆ヒカルランド　銀河より届く愛と叡智の宅配便

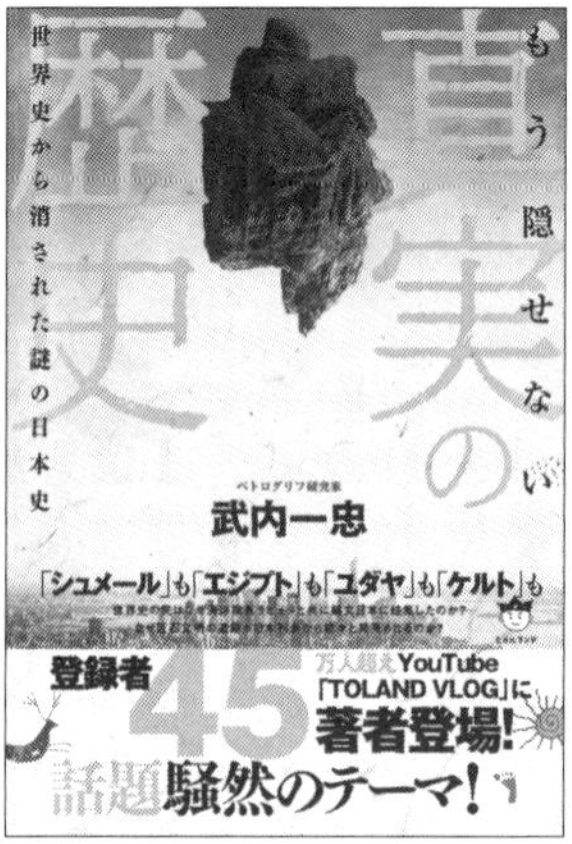

真実の歴史
著者：武内一忠
四六ソフト　本体2,500円+税

盃状穴 探索ガイドブック
著者：武内一忠
新書サイズ　本体1,300円+税

真実の歴史 エピソード0 ラピュタ編
著者：武内一忠
四六ソフト　本体2,500円+税

聖徳太子コード 地球未然紀［上巻］
著者：中山康直
A5ソフト　本体2,500円+税